Kleine Geschichte
der Kurpfalz

Kleine Geschichte
der

Kurpfalz

Armin Kohnle

G. Braun Buchverlag

Erschienen in der Reihe:
»Regionalgeschichte - fundiert und kompakt«

G. BRAUN BUCHVERLAG

Karlsruhe

www.gbraun-buchverlag.de

Satz: post scriptum, Emmendingen / Hinterzarten

Druck: W. Kohlhammer Druckerei GmbH & Co. KG

ISBN 3-7650-8329-1

Inhaltsverzeichnis

Vorwort

Die Geschichte der Kurpfalz ist zweimal umfassend dargestellt worden: in der Mitte des 19. Jahrhunderts durch Ludwig Häusser und in jüngerer Zeit durch Meinrad Schaab. Mit diesen großen Landesgeschichten kann und will sich die vorliegende »Kleine Geschichte der Kurpfalz« nicht messen. Sie stellt vielmehr den Versuch dar, die Grundlinien einer mehrere Jahrhunderte umfassenden Territorialgeschichte auf knappem Raum für ein breiteres Publikum zu skizzieren. Ohne Konzentration auf die zentralen Themen Land und Dynastie, Religion und Politik wäre diese Aufgabe nicht zu bewältigen gewesen. Die ältere Geschichte der rheinischen Pfalzgrafschaft wird zwar nicht völlig ausgeblendet, von der »Kur«pfalz kann streng genommen aber erst seit 1356 die Rede sein. Deshalb und wegen der erst im Laufe des 14. Jahrhunderts wachsenden Bedeutung des Territoriums liegt der Schwerpunkt der folgenden Skizze im späteren Mittelalter und in der Neuzeit. Die speziellen Entwicklungen der Residenzen Heidelberg und Mannheim, die in eigenen Bänden behandelt werden, wurden ausgeklammert, sofern sie für die allgemeine Territorialgeschichte nicht unverzichtbar waren.

Besonderer Dank gilt meinen Kollegen Priv. Doz. Dr. Frank Engehausen und Dr. Joachim Dahlhaus für anregende Kritik und Korrekturen sowie Herrn Stefan Burkhardt für Hilfe bei der Anfertigung der Karten. Dem Direktor des Kurpfälzischen Museums der Stadt Heidelberg, Herrn Dr. Frieder Hepp, sei für die Bereitstellung von Bildmaterial gedankt.

Ich widme das Buch (in altersgemäßer Folge) meinen Patenkindern Leonie, Lisa, Julian, Tobias, Julius und Lina.

Heidelberg, im August 2005 — Armin Kohnle

Einleitung

Im Jahr 1803, vor etwas mehr als 200 Jahren, ging die staatliche Existenz der Kurpfalz zu Ende. Wann sie begonnen hat, ist viel schwieriger zu sagen. Der spätmittelalterliche und frühneuzeitliche pfälzische Territorialstaat entwickelte sich aus bescheidenen hochmittelalterlichen Anfängen und gewann größere dynastische und räumliche Festigkeit und Kontinuität erst im Verlauf des 13. und 14. Jahrhunderts. Der Prozess der Konzentration des Territoriums um den nördlichen Oberrhein führte nicht zu einem geschlossenen Hoheitsgebiet, sondern die Kurpfalz blieb ein Splitterterritorium. Zwischen dem ersten Drittel des 13. Jahrhunderts und dem Dreißigjährigen Krieg war der an Rhein und Neckar gelegene Landesteil, die Unterpfalz oder Rheinpfalz, mit weit entfernt gelegenen Gebieten im nordbayerischen Raum, der Oberpfalz, verbunden. Bei aller Verfestigung des Herrschaftsraums blieb die Territorialentwicklung vor allem im rheinischen Landesteil immer in Bewegung. Das pfälzische Territorium glich einer Amöbe, die ständig ihre Form verändert und deshalb nur in Momentaufnahmen erfasst werden kann.

Neben diesen Besonderheiten in der Territorialentwicklung waren katastrophale Umbrüche für die kurpfälzische Geschichte vor allem der Neuzeit kennzeichnend. Solche kriegsbedingten Zäsuren waren der Landshuter Erbfolgekrieg zu Beginn des 16. Jahrhunderts, der Dreißigjährige Krieg, der Pfälzische Erbfolgekrieg am Ende des 17. und die Revolutionskriege am Ende des 18. Jahrhunderts. Sie alle hinterließen ein zerstörtes Land, eine dezimierte Bevölkerung und ruinierte Staatsfinanzen. Ein weiteres Kennzeichen der kurpfälzischen Geschichte des 16. und

17. Jahrhunderts waren konfessionelle Umbrüche. Auf den sechsfachen Wechsel des Konfessionsstatus im 16. Jahrhundert - von einem altgläubigen Zustand zum Luthertum und zum Interim unter Friedrich II., zum Luthertum unter Ottheinrich, zum Reformiertentum unter Friedrich III., zurück zum Luthertum unter Ludwig VI. und zurück zum Reformiertentum unter Johann Casimir - folgten die konfessionellen Zäsuren des 17. Jahrhunderts: zweimaliger Wechsel von Gegenreformation und reformierter Restauration während des Dreißigjährigen Krieges, Rekatholisierung nach dem Dynastiewechsel von 1685. Konfessionelle Auseinandersetzungen, die in anderen Territorien des Reichs im 18. Jahrhundert längst an Brisanz verloren hatten, bestimmten die kurpfälzische Geschichte noch in dieser Zeit.

Die folgende »Kleine Geschichte« befasst sich demnach mit einem Territorium des Alten Reiches, das als weltliches Kurfürstentum zwar theoretisch eine herausragende Position unter den deutschen Territorien einnahm und mehrfach - um 1400 mit dem Königtum Ruprechts, im späteren 15. Jahrhundert und noch einmal im konfessionellen Zeitalter - tatsächlich eine Schlüsselrolle in der Reichspolitik spielte, das diese Stellung allerdings nur durch Überforderung seiner eher bescheidenen materiellen Machtgrundlagen erreichte. Zumindest zweimal, zu Beginn des 16. Jahrhunderts und beim Ausbruch des Dreißigjährigen Krieges, führte eine Politik, die auf die beschränkten Möglichkeiten des Territoriums keine Rücksicht nahm, in folgenschwere Kriegsniederlagen.

Die 1803 untergegangene Kurpfalz hat keinen unmittelbaren Nachfolger in einem heutigen Bundesland, sondern ihr Territorium ist auf Baden-Württemberg, Rheinland-Pfalz, das Saarland, Hessen und Bayern (Oberpfalz) verteilt. Dies hat weitreichende Konsequenzen nicht nur für die Kurpfalzforschung, für die sich niemand besonders zuständig fühlt und die an deutschen Universitäten kaum institutionalisiert ist, sondern auch für die Darstellung ihrer Geschichte, für die es nur wenige Anknüpfungspunkte an heutige Zustände gibt. Im Bundesland Rheinland-Pfalz und im bayerischen Regierungsbezirk Oberpfalz wird der Pfalzname zwar weitergeführt, und ein Bewusstsein von der historischen Zusammengehörigkeit der ehemals kurpfälzischen Gebiete existiert rechts und links des nördlichen Oberrheins noch immer, allerdings in einer durch die Entwicklungen des 19. und 20. Jahrhunderts überlagerten Form. Ablesbar ist dies an dem modernen Sprachgebrauch, wonach unter »Kurpfalz« vorzugsweise der rechtsrheinische Raum um Heidelberg und Mannheim verstanden wird, unter »Pfalz« hingegen die links des Rheins gelegenen Gebiete, die wie Speyer keineswegs alle zum Herrschaftsgebiet der Kurpfalz gehörten.

Dem diffusen Pfalzbegriff unserer Tage entspricht eine Pluralität von Pfalzbegriffen schon in der frühen Neuzeit. Zu unterscheiden sind ein dynastischer Pfalzbegriff, wonach »Pfalz« das Haus der pfälzischen Wittelsbacher bezeichnete, von einem territorial-politischen Pfalzbegriff, wonach unter »Pfalz« das zu verstehen war, was die pfälzischen Wittelsbacher regierten; drittens existierte ein geographischer Pfalzbegriff, der unter »Pfalz« eine Landschaft verstand. Der dynastische und territorial-politische Pfalzbegriff sind älter als der geographische, der erst im Verlauf des 16. Jahrhunderts begegnet. Wie ein Blick in die topographischen und historischen Werke der frühen Neuzeit deutlich macht, konnten mehrere Pfalzbegriffe parallel gebraucht werden. In Sebastian Münsters Kosmographie, die seit den dreißiger Jahren des 16. Jahrhunderts in zahlreichen Ausgaben lateinisch und deutsch verbreitet war, stehen alle drei Pfalzbegriffe nebeneinander. »Pfaltz« konnte das Haus der pfälzischen Wittelsbacher, einzelne Kurfürsten oder den Territorialbesitz der Pfalzgrafen bezeichnen. Bei Münster begegnet jedoch auch der geographische Pfalzbegriff für eine rechts des Rheins gelegene Landschaft um Bergstraße und Neckar. Münster, selbst gebürtiger Kurpfäl-

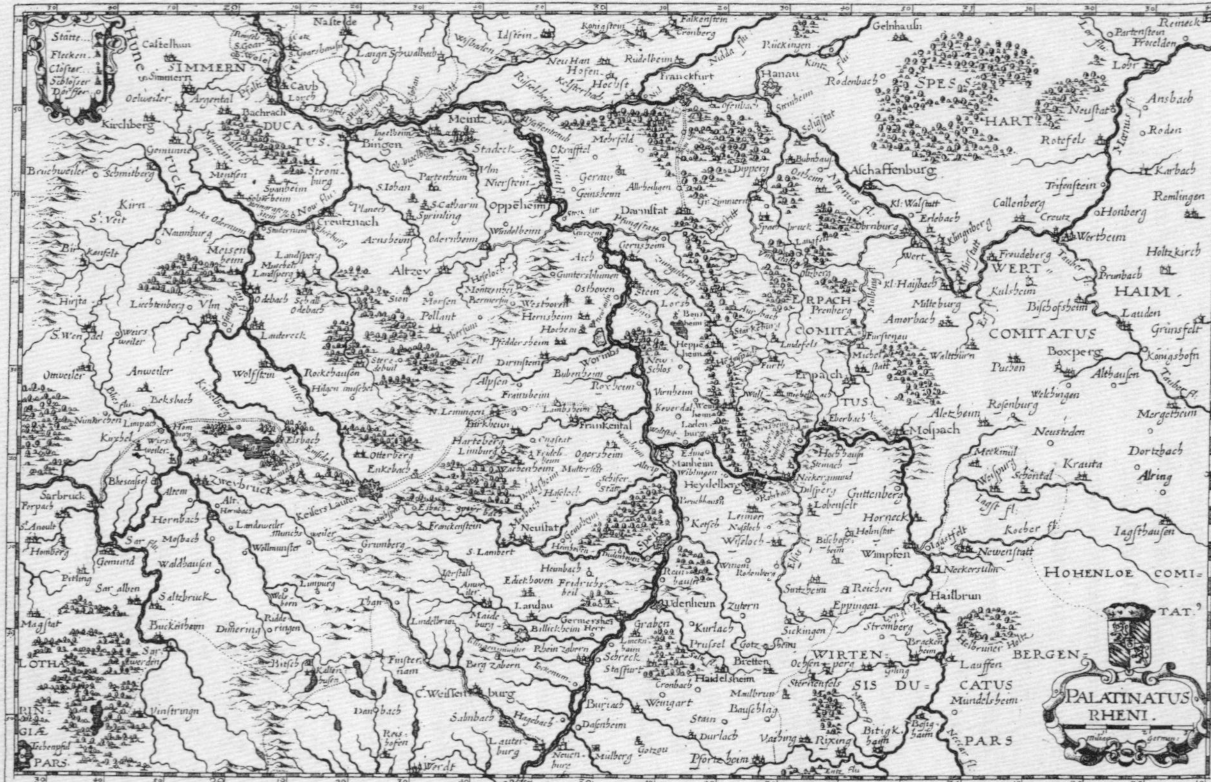

PALATINATUS RHENI.
Statte
Flecken
Clöster
Schlösser
Dörffer
Hune
SIMMERN
DUCATUS.
ruck
COMITATUS
WERTHAIM.
SPESSHART
HOHENLOE COMITAT.
WIRTENBERGENSIS DUCATUS PARS
ERPACH COMITATUS
LOTHARINGIÆ PARS
Franckfurt
Hanau
Aschaffenburg
Meintz
Bingen
Oppēheim
Creutznach
Altzev
Darmstat
Wormbs
Frankental
Heydelberg
Speir
Landau
Keisers Lauter
Zweybruck
Sarbruck
Neustat
Mospach
Wimpfen
Hailbrun
Bretten
Pfortzheim
Durlach
Wertheim
Miltenburg
Rhein fl.
Nicer fl.
Mænus fl.

zer aus Ingelheim und zeitweise Professor in Heidelberg, hat diese Vorstellung vorgefunden bei älteren Autoren wie Johannes Cochlaeus, Beatus Rhenanus und Sebastian Franck von Wörd.

In der Topographik war die ältere Fixierung auf den dynastischen und territorial-politischen Pfalzbegriff schon in der Mitte des 16. Jahrhunderts überwunden. Der nächste Schritt bestand in der Ausdehnung des rechtsrheinischen Landschaftsbegriffs auf die linke Rheinseite. Diese Entwicklung ist etwa in den 1599 erstmals erschienenen und bis in das 18. Jahrhundert immer wieder aufgelegten »Origines Palatini« des Juristen Marquard Freher zu greifen, wo in die Landschaft Pfalz der Nahe-, Worms- und Speyergau auf der linken Rheinseite sowie die Grenzlandschaften Odenwald, Hunsrück, Wasgau und Kraichgau einbezogen wurden. Frehers Vorstellung von der Pfalz als einer links und rechts des Rheins gelegenen Großlandschaft wirkte auf die bedeutende Pfalz-Topographie Matthäus Merians aus der Mitte des 17. Jahrhunderts erkennbar ein. Die Pfalz wird eingerahmt im Westen vom Fürstentum Zweibrücken, im Osten von Frankenland und Württemberg, im Norden von Main und Odenwald, im Süden vom Elsass. Davon zu unterscheiden sind die Grenzlandschaften Kraichgau, Odenwald, Hunsrück und Westrich (um Zweibrücken), von denen die Pfalz nur Teile besitzt. Der territorial-politische Pfalzbegriff bestand bei Merian demnach neben dem geographischen. Politisch nicht oder nicht mehr zur Pfalz gehörende Städte oder Landschaften wie Worms und Speyer oder die Bergstraße gehörten für Merian geographisch sehr wohl zur Großlandschaft Pfalz.

Schon diese Liste, die verlängert werden könnte, macht deutlich, wie schillernd der frühneuzeitliche Pfalzbegriff gewesen ist. Noch in Zedlers bekanntem Universallexikon aus der Mitte des 18. Jahrhunderts wurden unterschiedliche Pfalzbegriffe nebeneinander gestellt. Danach war unter »Pfalz« entweder das »Geschlecht der heutigen Pfaltzgrafen« (= dynastischer Pfalzbegriff)

◀ Abb. 1: Matthaeus Merian, Topographia Palatinatus Rheni et Vicinarum Regionum ... 1645 zu verstehen oder »eine Provintz in Deutschland, welche in die Ober- und Unter-Pfaltz getheilet wird«. Die Unterpfalz wiederum wurde definiert als »eine Provintz in Deutschland am Rhein, und wird entweder von dem blossen Churfürstenthum verstanden,« (= territorial-politischer Pfalzbegriff) »oder es wird weitläuftig genommen, und da begreift es alle Provintzen, welche um den Rhein-Strohm, wo der Neckar hinein kömmt, bis an die Lothringischen Gräntzen gelegen sind« (= geographischer Pfalzbegriff). Von den bei Zedler genannten Pfalzbegriffen sind zwei auch noch für den heutigen Sprachgebrauch relevant, nämlich der territorial-politische und der geographische; der dynastische darf wohl als obsolet gelten. Die folgende Darstellung der kurpfälzischen Geschichte operiert weder mit einem dynastischen noch mit einem geographischen Pfalzbegriff, sondern »Pfalz« oder »Kurpfalz« bezeichnen durchgehend das Territorium an Oberrhein und Neckar, wobei gegebenenfalls zwischen rheinischem Landesteil und Oberpfalz unterschieden wird.

Fragt man weiter, was für frühneuzeitliche Autoren die Pfalz charakterisierte, worin also die Identität des Territoriums lag, so lassen sich einige Konstanten ausmachen. Die Pfalz war mehr als nur das Land einer kurfürstlichen Dynastie, der pfälzischen Wittelsbacher, sie war Heimat einer berühmten Universität und das Land des Weins. Im späteren 16. und im 17. Jahrhundert trat bei einigen Autoren ein weiteres Element hinzu: Zur Kurpfalz gehörte der reformierte Glaube als wesentliches Merkmal. Wenn sich die folgende Darstellung auf das Territorium selbst, die Politik der Kurfürsten, die Universität und die konfessionelle Problematik konzentriert, entspricht dies in etwa dem, was auch die Zeitgenossen als für die Kurpfalz maßgeblich betrachteten.

Mittelalterliche Grundlagen: Pfalzgrafenamt, Territorialentwicklung und Kurwürde

Die Frage nach den Anfängen der Kurpfalz darf nicht primär von einem geographischen Raum oder von einer Dynastie ausgehen, sondern muss beim Amt des Pfalzgrafen ansetzen, das frühmittelalterliche Wurzeln hatte. In der Titulatur der späteren Kurfürsten von der Pfalz stand der Titel »Pfalzgraf bei Rhein« bis zum Beginn des 19. Jahrhunderts an erster Stelle, noch vor dem bayerischen Herzogstitel und vor der Kurfürstenwürde. Der geographische Raum der kurpfälzischen Geschichte kristallisierte sich hingegen erst in der Mitte des 12. Jahrhunderts heraus. Dynastische Kontinuität wurde gar erst zu Beginn des 13. Jahrhunderts erreicht.

Die Ursprünge des Pfalzgrafenamtes

Die mittelalterlichen Herrscher hatten keine feste Residenz, sondern zogen mit ihrem Gefolge durch das Reich von Pfalz zu Pfalz (palatium, Palast). Der Empfang des Königs, seine Beherbergung und Versorgung waren eine anspruchsvolle logistische Aufgabe, die einem Pfalzgrafen übertragen wurde. Solche Grafen mit speziellem Aufgabenbereich begegnen in unterschiedlichen Funktionen, etwa als Zentgrafen, Deichgrafen oder Holzgrafen; die Pfalzgrafen sind in diese Reihe zu stellen. Die Zuständigkeit für die Pfalz und ihr Personal war jedoch nur der Ausgangspunkt einer Entwicklung des Pfalzgrafenamtes, dem im Laufe der Zeit größere Bedeutung und höheres Prestige zuwuchs, ähnlich wie sich die Markgrafen und Landgrafen aus der Masse der einfachen Grafen heraushoben. Pfalzgrafen gab es schon in merowingischer Zeit, sie werden seit 577 erwähnt; spätantike Vorläufer scheinen sie aber nicht gehabt zu haben. Die frühneuzeitliche kurpfälzische Historiographie hat zwar immer wieder versucht, das Pfalzgrafenamt aus antiken Wurzeln herzuleiten, doch beruhte dies auf puren Spekulationen und entsprang dem Bemühen, das Alter des Amts und damit seine Dignität möglichst zu erhöhen.

Der Pfalzgraf hieß zunächst »comes palatii«, doch seit dem 10. Jahrhundert setzte sich die Bezeichnung »comes palatinus« durch. Nach der Teilung des Frankenreiches gab es das Amt sowohl im westfränkisch-französischen als auch im lothringischen und im ostfränkisch-deutschen Reich; seine Bedeutung ist im östlichen, später deutschen Reichsteil aber besonders groß gewesen. In den Aufgabenbereich des Pfalzgrafen fiel seine Zuständigkeit im königlichen Gericht. Im 9. und 10. Jahrhundert gab es mehrere Pfalzgrafen nebeneinander, die jeweils für ein Teilreich oder ein Herzogtum zuständig waren, das sie im Auftrag des Königs bereisten. Etwa um das Jahr 1000 wurde das Amt in einzelnen Familien erblich. Im Sachsenspiegel heißt es noch um 1230: »jedes deutsche Land hat seinen Pfalzgrafen, Sachsen, Bayern, Franken und Schwaben« (Abb. 2). Hier kommt die Vorstellung zum Ausdruck, dass in den Gebieten der Hauptstämme des ostfränkisch-deutschen Reiches jeweils ein Pfalzgraf amtierte. Die sächsische, bayerische und schwäbische Pfalzgrafschaft sind im Laufe des Mittelalters jedoch verschwunden; übrig blieb der im Sachsenspiegel mit Franken in Zusammenhang gebrachte Pfalzgraf, aus dem in einer längeren Entwicklung der Pfalzgraf bei Rhein hervorging.

Einen Pfalzgrafen von Franken hat es mit diesem Titel nie gegeben. Die Franken waren das Reichsvolk schlechthin, fränkisch war das ganze Reich. Fassen lassen sich jedoch lothrin-

Abb. 2: Sachsenspiegel: Unten vor dem König der Pfalzgraf als Truchsess mit goldener Schüssel

gisch-rheinische Pfalzgrafen, die aus einer Sippe stammten, die man nach ihren beiden Leitnamen Ehrenfried und Hermann als Ezzonen und Hezeliniden bezeichnet. Diese Familie, in der der Pfalzgrafentitel vererbt wurde, verfügte in ottonischer Zeit über ein Konglomerat an Besitz und Rechten, zu denen Grafschaften, Vogteirechte, Burgen, Wälder und Straßen am Niederrhein und in der nördlichen Eifel zählten. Zwar reichten die Besitzungen bis in den Mosel- und Naheraum mit dem südlichsten Punkt in Alzey und Umgebung, der eigentliche Schwerpunkt lag jedoch weiter nördlich, im Köln-Bonner Raum. Dort gründeten die Ezzonen das Kloster Brauweiler. Die Familie war mit dem ottonischen Kaiserhaus verschwägert. Ihren Besitz vermehrte sie kontinuierlich, besonders durch Reichsgut und Reichskirchengut. Der dynastische Zufall hat eine Territorialbildung allerdings verhindert. In der Mitte des 11. Jahrhunderts ging das ezzonische Hausgut fast vollständig verloren und fiel an die Kirche oder den König zurück. Mit Pfalzgraf Hermann starb 1085 der letzte Vertreter der alten Pfalzgrafenfamilie ohne Nachkommen.

Die Pfalzgrafen aus der Sippe der Ezzonen und Hezeliniden:

Hermann, Pfalzgraf um 985/89
Ehrenfried (Ezzo), Pfalzgraf etwa 1000–1034
Otto, Pfalzgraf 1034–1045
Heinrich, Pfalzgraf 1045–1060
Hermann, Pfalzgraf 1064–1085

Die rheinischen Pfalzgrafen aus unterschiedlichen Familien:

Heinrich von Laach, Pfalzgraf 1085–1095
Siegfried von Ballenstedt, Pfalzgraf 1099–1113
Gottfried von Calw, Pfalzgraf 1113–1131
Otto von Rheineck, Pfalzgraf 1134–1137
Wilhelm von Ballenstedt, Pfalzgraf 1125–1140
Heinrich Jasomirgott, Pfalzgraf 1140–1141
Hermann von Stahleck, Pfalzgraf 1142–1156

Die Pfalzgrafen aus staufischem und welfischem Haus:

Konrad von Staufen, Pfalzgraf 1156–1195
Heinrich v. Braunschweig d. Ä., Pfalzgraf 1195–1211
Heinrich v. Braunschweig d. J., Pfalzgraf 1211–1213

Kaiser Heinrich IV. besetzte nach Hermanns Tod das Pfalzgrafenamt mit einem Gefolgsmann, mit Heinrich von Laach. Wie der Herkunftsname sagt, war Heinrich in der südöstlichen Eifel und an der Mosel begütert. Der Besitz an der Mosel könnte zum Teil von seiner Frau in die Ehe gebracht worden sein, denn Heinrich war mit der Witwe des Pfalzgrafen Hermann, Adelheid, verheiratet. Über die Verbindung Heinrichs von Laach mit Adelheid bestand demnach eine Kontinuität zwischen den Ezzonen/Hezeliniden und den Laach-Ballenstedter Pfalzgrafen, die ihnen folgten. Gegenüber der früheren Zeit verschob sich unter Heinrich der Besitzschwerpunkt der Pfalzgrafen nach Süden, was etwa an seiner Klostergründung, der Benediktinerabtei Maria Laach, abzulesen ist. Dieser als »Südabdrängung der Pfalzgrafen« bezeichnete Prozess dauerte von der Mitte des 11. bis zur Mitte des 12. Jahrhunderts. Auf Heinrich von Laach folgte sein Adoptivsohn Siegfried von Ballenstedt, doch mit der Kontinuität im Pfalzgrafenamt war es in der Folge für längere Zeit vorbei. Das 12. Jahrhundert war vielmehr gekennzeichnet von Kämpfen um das Pfalzgrafenamt, das Angehörige unterschiedlicher Familien erlangten: Gottfried von Calw und Otto von Rheineck, Heinrich Jasomirgott, ein Halbbruder des Staufers Konrad III., und Hermann von Stahleck, auch er ein Verwandter der Staufer. Hermanns Güter lagen in Mainfranken und im Mittelrheintal um Bacharach mit der Burg Stahleck. Mit ihm verschob sich der Besitzschwerpunkt der Pfalzgrafen noch einmal in die Gegend südlich des Hunsrücks, in das Nahetal und das Nordpfälzer Bergland, wo Hermann Rechte in der Gegend um Kusel hatte. In seiner Zeit (um 1150) wurde der Titel »rheinischer Pfalzgraf« (»comes palatinus de Rheno« oder »Rheni«) gebräuchlich.

Territorialbildung in staufischer Zeit

In der Mitte des 12. Jahrhunderts wird die weitere Richtung der Entwicklung allmählich erkennbar. Auch Hermann von Stahleck gelang es nicht, eine Pfalzgrafendynastie zu begründen. Am Ende seines Lebens überwarf er sich mit den Staufern und wurde seines Amtes enthoben. Seine rheinischen Güter fielen an Kaiser Friedrich Barbarossa, der das Pfalzgrafenamt mit Besitz neu ausstattete. Eine zentrale Rolle in dieser Entwicklung spielte Konrad von Staufen (1134/35-1195), ein Halbbruder Barbarossas, der das Pfalzgrafenamt 1156 erhielt. Damals bestanden pfalzgräfliche Rechte sowohl am Mittel- und Niederrhein als auch an der Mosel. Konrads Versuchen, seine Machtstellung in nördlicher Richtung auszubauen, stellten sich die Erzbischöfe von Köln und Trier als Territorialkonkurrenten entgegen, so dass seine Aktivitäten eher nach Süden, an den nördlichen Oberrhein, abgelenkt wurden. Hier waren es im wesentlichen drei Quellen, aus denen sich die weitere Ausstattung der Pfalzgrafschaft speiste: alte pfalzgräfliche Rechte wie die Lehnshoheit über Grafschaften, die zum Teil in der Nachfolge salischer Rechte übernommen wurden; staufisches Hausgut, das zum Teil ebenfalls aus dem Erbe der Salier stammte; Vogteirechte. Kirchenlehen, die er von den wichtigsten Grundbesitzern am nördlichen Oberrhein, den Bistümern Worms und Speyer, erhielt, und die Vogtei über die Reichsabtei Lorsch waren die Basis des Herrschaftsausbaus für Konrad von Staufen.

Friedrich Barbarossa unterstützte seinen Halbbruder zwar beim Aufbau eines Territoriums am nördlichen Oberrhein, aber es gingen keineswegs alle staufischen Besitzungen in diesem Raum an Konrad über: Ingelheim, Kaiserslautern, Oppenheim und alles, was südlich des Worms- und Speyergaus lag, hat er nicht in die Hand bekommen. Trotzdem war der Zugewinn beträchtlich. In dem von Konrad von Staufen in der 2. Hälfte des 12. Jahrhunderts aufgebauten Territorium kristallisierten sich vier Herrschaftszentren heraus:

1. Bacharach mit der Burg Stahleck, das aus der Erbschaft Hermanns von Stahleck stammte. Dem Pfalzgrafen gehörten hier nur die Burg selbst, der Rheinzoll und einige Dörfer im Hunsrück.

Außerdem war er im Besitz von Vogteirechten über Gebiete der Kölner Kirche;

2. Alzey, wo die pfalzgräfliche Herrschaft eindeutiger war;

3. Burg Winzingen, ursprünglich ein Speyerer Lehen;

4. Heidelberg. Das Gebiet gehörte ursprünglich der Wormser Kirche. Heidelberg war schon in vorstaufischer Zeit besiedelt. Hier existierte seit langem eine wormsische Burg entweder an der Stelle des heutigen Schlosses oder auf der Molkenkur. An diese Burg lehnte sich ein Burgweiler mit eigener Kirche an, St. Peter. Die Gründung der Stadt liegt weitgehend im Dunkeln. Urkundlich erwähnt wird der Ort erst 1196, als pfalzgräfliches Lehen erst 1225 und als »civitas« sogar erst 1229. Dass Heidelberg für Konrad zentrale Bedeutung hatte, ist naheliegend, weil sich hier pfalzgräfliche Rechte ballten und weil Heidelberg verkehrstechnisch günstig lag. Hier kreuzten sich die Nord-Süd-Straße Frankfurt-Basel und Verbindungen, die von Worms und Speyer durch das Neckartal und den Kraichgau nach Osten führten. Am Grundriss der Heidelberger Altstadt ist die planmäßige Anlage als Durchgangsstation mit drei zum Neckar parallel verlaufenden Straßen mitsamt der Möglichkeit der Flussüberquerung noch heute abzulesen.

Konrad von Staufen gilt als Baumeister des pfälzischen Territoriums. In seiner Zeit konnten die Pfalzgrafen auch im Umkreis Heidelbergs stärker Fuß fassen. Wichtig war hierfür vor allem die Vogtei über das Kloster Lorsch. Auf diesem Weg konnten Rechte über die Benediktinerabtei Neuburg bei Ziegelhausen, im Lobdengau (dem Gebiet westlich von Heidelberg) und im Odenwald erworben werden. Von der Wormser Kirche übernahm Konrad die Schutzherrschaft über das Zisterzienserkloster Schönau im Odenwald, wo er sich begraben ließ. Gegen Ende des 12. Jahrhunderts verlagerte sich der Schwerpunkt der pfalzgräflichen Besitzungen demnach endgültig in den Raum um den nördlichen Oberrhein. Männliche Erben hat Konrad von Staufen nicht hinterlassen, so dass das von ihm aufgebaute Territorium über die weibliche Erbfolge weitergegeben wurde. Seine Tochter Agnes war mit einem Welfen verheiratet, Heinrich dem Älteren von Braunschweig. Aber auch die Welfen haben die Pfalzgrafschaft nicht auf Dauer halten können, sondern verloren sie 1214 an die Wittelsbacher. In der Folgezeit erfuhr die Pfalzgrafenwürde eine erhebliche Aufwertung und verfassungsrechtliche Bevorzugung, indem der Pfalzgraf zum Reichsvikar und Richter über den König aufstieg und zu dem kleinen Kreis von Fürsten zählte, die als Königswähler betrachtet wurden. Im Laufe des 13. Jahrhunderts wurde auch die Verbindung des Pfalzgrafen bei Rhein mit dem Erzamt des Truchsessen geläufig.

Der Übergang des Pfalzgrafenamtes an die Wittelsbacher

Das Jahr 1214 bedeutete nach 1156, dem Jahr des Herrschaftsantritts Konrads von Staufen, die zweite Zäsur in der Entwicklung der Pfalzgrafschaft, denn König Friedrich II. verlieh die Pfalzgrafenwürde an den Wittelsbacher Herzog Ludwig von Bayern (siehe Stammtafel 1a, S. 201). Die Pfalz wurde bis zu ihrem staatlichen Ende knapp 600 Jahre später von Wittelsbachern regiert, und der dynastische Zusammenhang der rheinischen Pfalz mit Bayern wurde mit den daraus sich ergebenden Kooperationen und Konflikten zu einer Konstante der deutschen Geschichte. Seit dem Beginn des 13. Jahrhunderts verlief die pfälzische Entwicklung kontinuierlicher nicht nur in dynastischer, sondern auch in territorialer Hinsicht, denn der Kernbestand der pfälzischen Besitzungen stand nunmehr fest und konnte nach und nach ausgebaut werden. Der Prozess der territorialen Südabdrängung kam zu einem Abschluss, nachdem die Pfalz weitere Positionen an der Mosel an das Erzstift Trier verloren hatte. Pfäl-

Abb. 3: Der Pfalzgrafenstein bei Kaub, Zustand 2002

zisches Territorium konnte sich künftig nur im Raum südlich der Mosel befestigen. Einen gewissen Ausgleich brachte der Erwerb von Kaub um 1267/84. Hier erhielt die Pfalz mit der zum Pfalzgrafenstein befestigten Rheininsel eine Zollstation, die für die pfälzischen Finanzen von großer Bedeutung wurde (Abb. 3).

Bayern und Pfalz wurden in dieser Zeit wie ein zusammengehörendes wittelsbachisches Territorium behandelt und 1255 unter zwei Brüdern so geteilt, dass die pfälzischen Gebiete zusammen mit der Westhälfte Bayerns (Oberbayern) an Ludwig II. kamen, der östliche Teil an Heinrich XIII. (siehe Stammtafel 1a, S. 201). Spätere Versuche, die bayerischen und pfälzischen Länder der Wittelsbacher unter mehrere Erben aufzuteilen, führten zu Konflikten in der Familie. Eine endgültige Klärung der Besitzverhältnisse erfolgte 1329 im Hausvertrag von Pavia, in dem Kaiser

Ludwig der Bayer die Erbstreitigkeiten durch eine Teilung des Territorialbesitzes beilegte. Die Verbindung der pfälzischen mit den oberbayerischen Landen wurde aufgelöst, wobei der Pfälzer Zweig der Familie als Ausgleich für den an Kaiser Ludwigs Nachkommen fallenden größeren bayerischen Anteil Gebiete im bayerischen Nordgau erhielt, die als Oberpfalz bis zum Dreißigjährigen Krieg mit der rheinischen Pfalz verbunden blieben. Die Kurstimme bei der Königswahl sollte künftig von beiden Linien abwechselnd geführt werden.

Der **Vertrag von Pavia** (4. August 1329) teilte das wittelsbachische Territorium unter die Linien Pfalz und Bayern und begründete die Verbindung der rheinischen Pfalz mit der Oberpfalz. Um den Zusammenhalt des Gesamthauses der Wittelsbacher zu gewährleisten, sah der Vertrag ein gegenseitiges Vorkaufsrecht bei Gütern, Beistandsverpflichtungen und die Erbfolge der einen Linie beim Aussterben der anderen vor. Die alternierende Ausübung des Kurrechts, beginnend mit den Pfälzern, wurde in der damals vorgesehenen Weise jedoch nie praktiziert.

Ludwig der Bayer verhalf der Pfalz außerdem zu territorialen Zugewinnen am Oberrhein, wo er ihr umfangreiche Reichspfandschaften überließ: Auf diesem Weg kamen 1329/30 Neckargemünd, Eberbach, Mosbach und Sinsheim, linksrheinisch außerdem Germersheim, Annweiler mit dem Trifels und eine Reihe von Burgen an die Pfalz, zudem die Landvogtei im Speyergau (siehe Karte 1). In der Oberpfalz verlief die Entwicklung nicht ganz so günstig, weil wegen hoher Verschuldung eine Reihe von Ämtern an Kaiser Karl IV. und an Böhmen verpfändet werden mussten. Doch gerade dieser Kaiser hat die Pfalz mit Besitz und Rechten reichlich ausgestattet. In der Goldenen Bulle bestätigte er ihr 1356 außerdem das Kurrecht unter Ausschluss aller Ansprü-

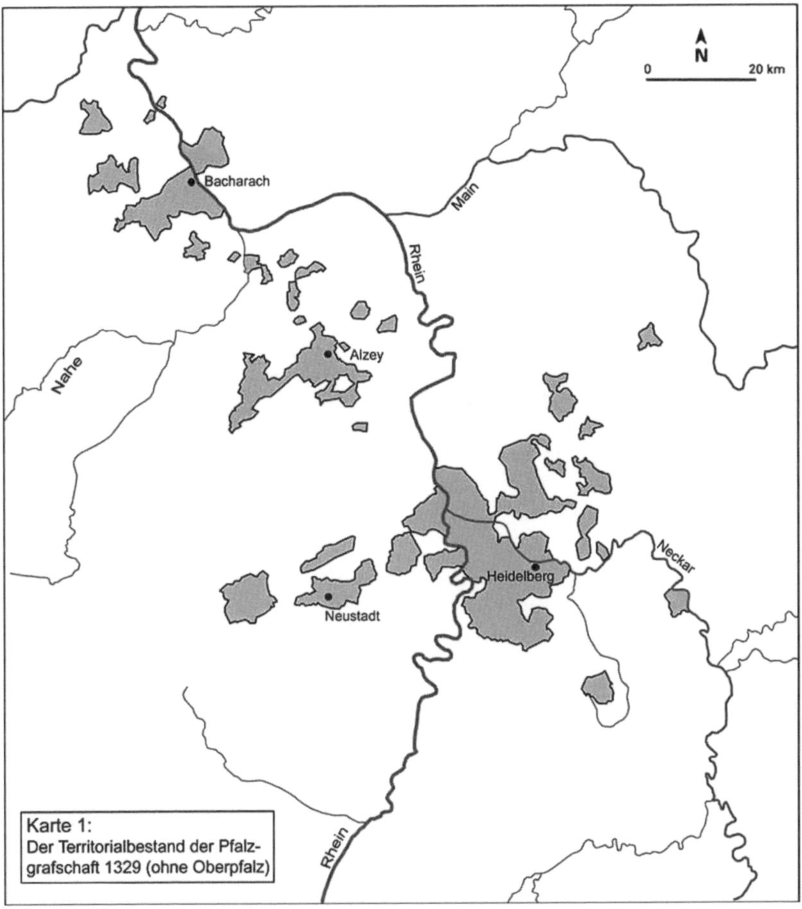

Karte 1:
Der Territorialbestand der Pfalzgrafschaft 1329 (ohne Oberpfalz)

che der bayerischen Vettern. Wie in früheren Zeiten profitierte die Pfalz auch jetzt von ihrer Königsnähe. Das Entgegenkommen Karls IV. bedeutete aber zugleich eine Missachtung des Vertrags von Pavia. Die bayerischen Wittelsbacher akzeptierten diese Zurücksetzung nie.

Die **Goldene Bulle** sprach 1356 das Recht, an der Wahl des Römischen Königs teilzunehmen **(Kurrecht),** allein der pfälzischen Linie zu, was zu einem Dauerkonflikt in der wittelsbachischen Familie führte, der sich erst mit der pfalz-bayerischen Union von 1777 erledigte. Von besonderer Brisanz war der bayerisch-pfälzische Streit um die Kurwürde während des Dreißigjährigen Krieges.
Nach der Goldenen Bulle stand dem Pfalzgrafen bei Rhein während der königslosen Zeit in den rheinischen und schwäbischen Landen und im Gebiet fränkischen Rechts die Stellvertretung des Königs **(Reichsvikariat)** zu, dem Kurfürsten von Sachsen in den Gebieten sächsischen Rechts. Alle Handlungen des Reichsvikars mussten vom König später allerdings bestätigt werden. Während des 15. Jahrhunderts wurde das kurpfälzische Reichsvikariat mehrfach ausgeübt.

Für den Augenblick ging die Kurpfalz jedoch als Sieger hervor, und ihre Stellung festigte sich im weiteren Verlauf des 14. Jahrhunderts weiter. Der Bereich des pfälzischen Reichsvikariats wurde genauer fixiert; in der Goldenen Bulle wurde außerdem die Gerichtsbarkeit des Pfalzgrafen über den König festgeschrieben. Das Kurrecht hatte zur Folge, dass man sich auf ein Verfahren einigen musste, das die ungeteilte Ausübung der Kurstimme sicherstellte. Dazu wurden 1368 diejenigen Landesteile festgelegt, die für immer bei der Pfalz bleiben, die unveräußerlich und unteilbar sein sollten. Zu diesem Kurpräzipuum gehörten Bacharach, Kaub, Alzey, Neustadt, Weinheim, Lindenfels, Heidelberg und der Dilsberg; in der Oberpfalz: Amberg, Nabburg und Kemnath. Amtleute und Gemeinden dieser Gebiete durften einem neuen Pfalzgrafen erst huldigen, wenn er geschworen hatte, das Kurpräzipuum nicht anzutasten.

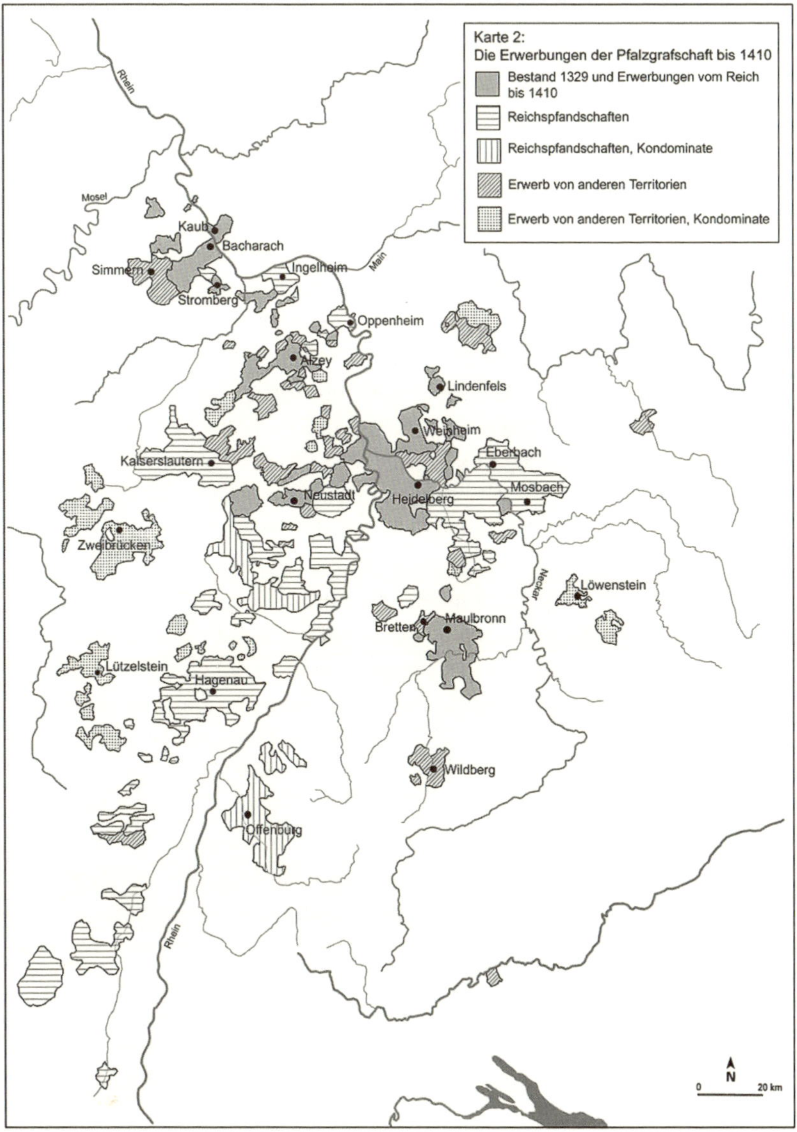
Karte 2:
Die Erwerbungen der Pfalzgrafschaft bis 1410
Bestand 1329 und Erwerbungen vom Reich bis 1410
Reichspfandschaften
Reichspfandschaften, Kondominate
Erwerb von anderen Territorien
Erwerb von anderen Territorien, Kondominate
Rhein
Mosel
Main
Neckar
Kaub
Bacharach
Simmern
Stromberg
Ingelheim
Oppenheim
Alzey
Lindenfels
Weinheim
Eberbach
Kaiserslautern
Neustadt
Heidelberg
Mosbach
Zweibrücken
Löwenstein
Bretten
Maulbronn
Lützelstein
Hagenau
Wildberg
Offenburg
N
0
20 km

Damit ist der territoriale Kern der Kurpfalz in der Mitte des 14. Jahrhunderts im wesentlichen bezeichnet. Kaiser Karl IV., der die Pfalz schon bisher so reich bedacht hatte, gab auch weiterhin Reichspfänder an die Pfalzgrafen, so Kaiserslautern und Wolfstein (1357). Jetzt zeigte sich, dass die Kurwürde für die Pfalz durchaus auch materielle Vorteile bringen konnte. Karl IV. verteilte nämlich Wahlgeschenke, um sich die pfälzische Stimme für die Wahl seines Sohnes Wenzel zu sichern. Auf diesem Weg kamen unter anderem die Reichsstädte Oppenheim und Odernheim (heute Gauodernheim bei Alzey) und das Reichsdorf Ingelheim an die Pfalz. Pfandnahme war das wichtigste Mittel des Territorialausbaus der Pfalz während des 14. Jahrhunderts; kein anderer Fürst hat so viele Reichspfänder erhalten wie der Pfälzer. Territoriale Ausdehnung durch Pfandnahme ging jedoch nicht nur zu Lasten des Reiches, sondern betraf auch kleinere Nachbarn. Noch im Verlauf des 14. Jahrhunderts fielen auf diesem Weg Bretten, Heidelsheim, Teile von Löwenstein, der Rest der Grafschaft Zweibrücken, Bolanden und Simmern an die Pfalz. Vom Wormser Bischof wurde schließlich 1385 die Hälfte der Stadt Ladenburg hinzugewonnen (siehe Karte 2).

Die Verpfändung von Herrschaftsrechten war ein übliches Instrument mittelalterlicher Politik, das von der Krone, aber auch von Landesherren vielfach eingesetzt wurde, um im Gegenzug Geld oder Dienste zu erhalten. So ist im späteren Mittelalter ein erheblicher Teil des Reichsguts von den Herrschern als **Reichspfandschaften** ausgegeben worden, die zwar grundsätzlich wieder eingelöst werden konnten, aber selten eingelöst wurden. Die Kurpfalz profitierte von dieser Praxis besonders.

Die Kurpfalz im späten 14. und im 15. Jahrhundert

Die im Verlauf des 14. Jahrhunderts gewachsene Bedeutung der rheinischen Pfalzgrafschaft, ihre territoriale Konsolidierung und ihr Aufstieg zu einem der Kurfürstentümer des Reichs gipfelten im Jahr 1400 im Königtum Ruprechts III. Zwar konnte die Pfalz die königliche Würde nach Ruprechts Tod (1410) nicht behaupten, doch waren die folgenden Jahrzehnte immerhin durch beachtliche territoriale Zugewinne gekennzeichnet. Die Gründung einer Universität in Heidelberg 1386 sicherte außerdem die kulturelle Bedeutung des aufstrebenden Territoriums. Die rasante Entwicklung des 15. Jahrhunderts endete allerdings nicht mit der Etablierung unter den potentesten Territorialstaaten des Reichs, sondern mit der Katastrophe des Landshuter Erbfolgekriegs, der die Kurpfalz um Jahrzehnte zurückwarf.

Die Gründung der Universität Heidelberg 1386

Praktische Erwägungen wie die Heranbildung eines juristisch oder theologisch gebildeten Personals für Kirche und Landesverwaltung spielten im Spätmittelalter bei der Entscheidung zur Gründung einer Universität ebenso eine Rolle wie dynastisches Prestigedenken. Die Luxemburger und Habsburger, die damals mit wechselndem Erfolg um den Thron des römischen Königs und Kaisers konkurrierten, gründeten Universitäten in Prag beziehungsweise Wien. Dies dürfte für die pfälzischen Wittelsbacher der Anstoß zur Einrichtung einer eigenen Landesuniversität gewesen sein. Kurfürst Ruprecht I. (1353-1390) eiferte damit nicht nur dem Vorbild weitaus mächtigerer Fürsten nach, sondern ergriff zugleich die Gelegenheit, sein im Wachsen befindliches, aber stark zersplittertes Territorium durch Schaffung eines intellektuellen Zentrums zu integrieren.

Dass man für die Neugründung geeignete Lehrer gewinnen konnte, lag an der allgemeinen kirchenpolitischen Lage in Europa während des Großen Abendländischen Schismas nach 1378. Die Kurpfalz hielt zum römischen Papst, während Frankreich und damit auch die Universität Paris, die damals die führende in Europa war, auf Seiten des avignonesischen Papsttums standen. Die deutschen Magister und Studenten waren genötigt, Paris zu verlassen, und Heidelberg bot ihnen eine neue Heimat. Auch aus Prag erhielt die Neugründung Zugänge, weil die dortigen Auseinandersetzungen zwischen Böhmen und Deutschen den Weggang deutscher Studenten und Lehrer begünstigten. Mit großen und glanzvollen Städten wie Paris oder Prag konnte sich Heidelberg mit seinen am Ende des 14. Jahrhunderts kaum mehr als 4.000 Einwohnern freilich nicht messen.

Um 1200 entstanden in Bologna, Paris und Oxford die ersten **Universitäten**, denen im Laufe des 13. Jahrhunderts etwa ein Dutzend Neugründungen zur Seite traten. Die große Zeit der Universitätsgründungen lag in Mitteleuropa jedoch im 14. und 15. Jahrhundert. Im Reich gingen Kaiser Karl IV. 1348 in Prag und Herzog Rudolf IV. von Österreich 1365 in Wien voran. Heidelberg war die dritte auf dem Boden des Reichs gegründete Universität und ist heute die älteste Deutschlands. Das in der Gründungsurkunde vom 1. Oktober 1386 (Abb. 3) für Heidelberg verbindlich gemachte Pariser Modell sah die Einrichtung einer theologischen, juristischen, medizinischen und artistischen

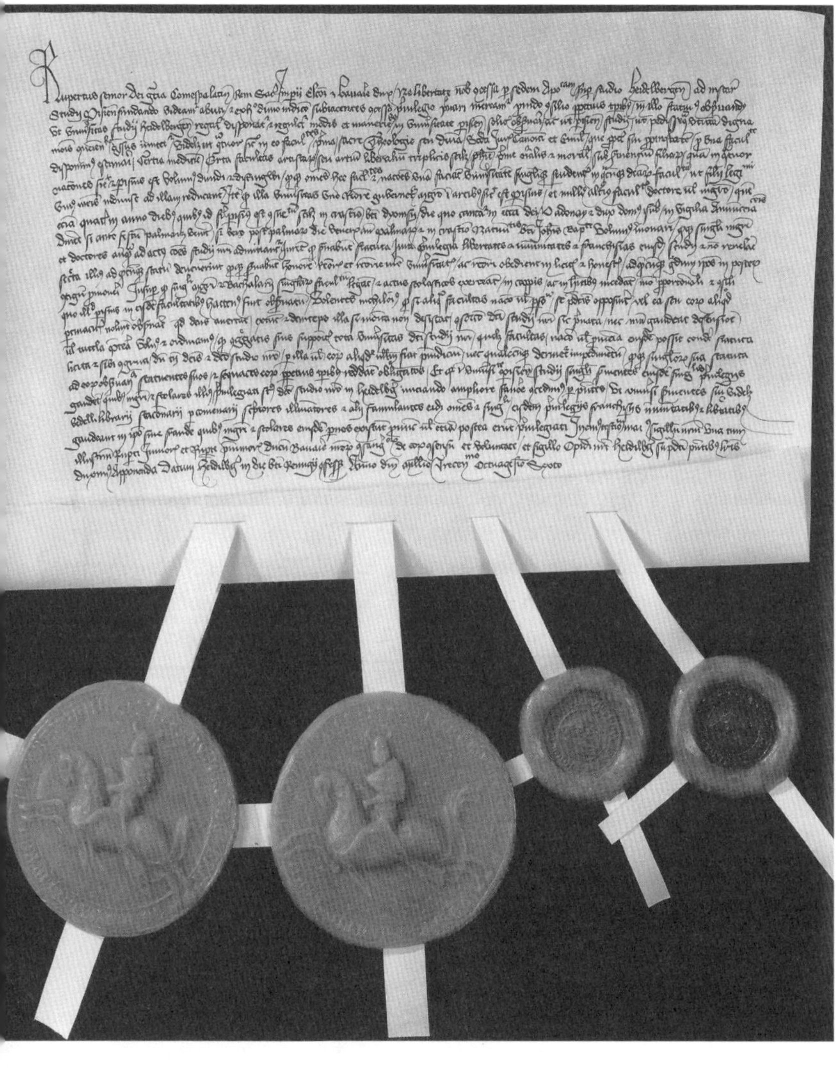

Abb. 4: Gründungsurkunde der Universität Heidelberg, Replik von 2004

Fakultät vor. Der Rektor sollte vierteljährlich aus einem der Magister der Artistenfakultät gewählt werden.
Die Universität bildete eine autonome und sich selbst verwaltende und ergänzende Gemeinschaft von Lehrenden und Lernenden unter dem Schutz und der Aufsicht des Landesherrn. Die privilegierte Rechtsstellung von Lehrern und Studenten war Ursache zahlreicher Konflikte mit der Stadt Heidelberg. Im Namen Ruprecht-Karls-Universität lebt die Erinnerung an ihren Gründer, Kurfürst Ruprecht I., noch heute weiter.

Ruprecht I. übertrug die Errichtung der Universität an Marsilius von Inghen, einen Niederländer aus Nimwegen, der aus Paris nach Heidelberg gekommen war. Im Oktober 1385 bestätigte Papst Urban VI. die beabsichtigte Gründung einer Universität in Heidelberg und sicherte auf diese Weise ihre Gleichrangigkeit mit den schon bestehenden, was die Voraussetzung war für die Anerkennung der in Heidelberg erworbenen akademischen Grade. Im folgenden Jahr wurde die Hochschule vom Kurfürsten tatsächlich ins Leben gerufen, so dass im Oktober 1386 der Lehrbetrieb aufgenommen werden konnte. Die Anfänge waren sehr bescheiden. Der Eröffnungsmesse wohnten nicht mehr als drei Magister bei. Erst als ein weiterer aus Prag eingetroffen war, schritt man im November zur Wahl des ersten Rektors, eben jenes Marsilius von Inghen, der im Auftrag des Kurfürsten das Studium eingerichtet hatte. Er konstruierte die Universität nach dem Pariser Modell, wegen der viel kleineren Verhältnisse ließ sich das Vorbild allerdings nicht vollständig übertragen; die vorgesehene Einteilung der Studenten in Nationen erwies sich zum Beispiel wegen ihrer zu geringen Zahl als überflüssig.

Wenn die Gründung trotz erheblicher Anfangsschwierigkeiten überlebte, lag dies vor allem an der Förderung durch Ruprecht I.

und seinen Neffen und Nachfolger Ruprecht II. (1390-1398). Er vor allem war es, der die Universität auf eine gesicherte wirtschaftliche Grundlage stellte, indem er ihr Geld zukommen ließ und mit päpstlicher Erlaubnis Pfründen übertrug, die der Versorgung der Heidelberger Universitätslehrer dienen sollten. Da in Heidelberg ein Kanonikerstift, das diese Aufgabe üblicherweise erfüllte, mit dem Heiliggeiststift erst 1413 zur Verfügung stand, sicherten vorerst zwölf an Kirchen in Speyer, Worms, Wimpfen und Mosbach zugeteilte Kanonikate das Auskommen der Professoren. Außerdem wurden Vermögen und Häuser der aus Heidelberg vertriebenen Juden an die Universität übertragen, die auch Anteile an den kurpfälzischen Rheinzöllen erwerben konnten. Die Politik der Begünstigung der Universität wurde von Ruprechts II. Sohn und Nachfolger Ruprecht III. (1398-1410) fortgesetzt.

Das Königtum Ruprechts III.

Die Unzufriedenheit im Reich mit der Regierung des Königs Wenzel führte im Jahr 1400 zu dessen Absetzung durch die Kurfürsten und zur Wahl des Pfalzgrafen Ruprecht III. zum römischen König. Wenngleich Ruprechts Königtum nicht überall anerkannt wurde, war die Kurpfalz nunmehr in eine Führungsrolle im Reich aufgestiegen, der ihre tatsächlichen Machtgrundlagen nicht im geringsten entsprachen. König Ruprecht setzte zwar die Politik der Arrondierung seines Landes fort - so gewann er von Böhmen Teile der Oberpfalz zurück, erlangte 1405 die Hälfte der Reichslandvogtei in der Ortenau und 1408 die Reichslandvogtei im Elsass (siehe Karte 2), wodurch das pfälzische Territorium bis an den südlichen Oberrhein vorgeschoben wurde; auf der anderen Seite aber verwickelte ihn sein Königtum in die deutsche und europäische Politik, wo er überwiegend glücklos agierte und hohe Schulden auf sich lud. Den Romzug zur Kaiserkrönung,

Abb. 5: Grabmal Ruprechts III. und seiner Gemahlin Elisabeth von Hohenzollern; Heidelberg, Heiliggeistkirche

den er Ende 1401 antrat, musste er wegen Geldmangels bald abbrechen. So war es wohl kluger Einsicht zu verdanken, dass Ruprecht gar nicht erst versuchte, das Königtum für seinen Nachfolger zu sichern. Der erste pfälzische König ist 1410 gestorben und hat sich im Heidelberger Heiliggeiststift, das er selbst gegründet hatte, das aber erst sein Nachfolger mit der Universität vereinigte, begraben lassen. Seine Grabplatte hat als einziges der Kurfürstendenkmäler in der Heiliggeistkirche die Zerstörung der Stadt durch die Franzosen überstanden (Abb. 5).

Landesteilung 1410

Ruprecht III. hinterließ eine zahlreiche Nachkommenschaft, darunter vier Söhne, die nach seinem letzten Willen alle an der Herrschaft beteiligt werden sollten. Deshalb kam es zu einer Landesteilung, die - im Unterschied zu früheren und späteren weniger folgenschweren Teilungen - von großer Bedeutung war, weil die jetzt geschaffenen Nebenlinien für Jahrzehnte, im Falle von Pfalz-Zweibrücken für Jahrhunderte neben der Kurlinie existierten (siehe Stammtafel 2, S. 203). Die Erben wurden freilich sehr ungleich behandelt, denn der älteste Sohn und Nachfolger im Kurfürstentum Ludwig III. (1410-1436) erhielt den weitaus größten Anteil, nämlich das Kurpräzipuum und die erst von seinem Vater erworbenen Reichspfandschaften, die nicht zur Teilungsmasse geschlagen wurden. Diese bestand aus den älteren Reichspfändern mit den sonstigen Neuerwerbungen. An Johann, den zweitältesten Sohn, der bisher schon Statthalter in der Oberpfalz gewesen war, fielen einige nicht zum Kurpräzipuum gehörende Gebiete in der Oberpfalz mit den Residenzen Neunburg und Neumarkt. Stephan erhielt Gebiete um Simmern und Zweibrücken neben verstreuten Besitzungen im Linksrheinischen. Für den jüngsten Sohn Otto wurde ein Fürstentum Pfalz-Mosbach am östlichen Rand des rheinischen Territoriums aus mehreren Territorialfetzen zusammengestückelt. Während die Anteile der Neumarkter Linie noch vor der Mitte des 15. Jahrhunderts an Pfalz-Mosbach kamen und mit dem Aussterben dieser Linie 1499 an die Kurpfalz zurückfielen, spaltete sich die Simmern-Zweibrücker Linie noch im 15. Jahrhundert in die Linien Simmern und Zweibrücken-Veldenz. Die Pfalzgrafen von Simmern beerbten 1559 die Kurlinie, wodurch ihre Gebietsanteile mit der Kurpfalz wiedervereinigt wurden; Zweibrücken-Veldenz überlebte, in weitere Nebenlinien aufgespalten, bis zum Umbruch der Territorialverhältnisse zu Beginn des 19. Jahrhunderts.

Von Ludwig III. zu Friedrich dem Siegreichen

Ruprechts ältester Sohn Ludwig III. fungierte nach dem Tod des Vaters als Reichsvikar und stand in den Auseinandersetzungen um das Königtum, aus denen zunächst Jobst von Mähren als Sieger hervorging, auf der Seite Sigismunds von Ungarn, der sich im Januar 1411 als König durchsetzen konnte. Dieser revanchierte sich mit der Bestätigung der pfälzischen Reichspfänder und mit der nachträglichen Anerkennung des Königtums Ruprechts. Das Verhältnis Ludwigs III. zu König Sigismund blieb in der Tradition bisheriger pfälzischer Politik zunächst durch besondere Nähe gekennzeichnet. Dies galt auch für die kirchenpolitischen Auseinandersetzungen während des Konstanzer Konzils (1414-1418), als Sigismund sich anschickte, das Abendländische Schisma durch Amtsenthebung aller drei gegeneinander konkurrierenden Päpste zu beenden. Der vom Konzil abgesetzte Papst Johann XXIII. kam in den Gewahrsam des Pfalzgrafen und wurde von diesem über Maulbronn und Heidelberg in die Burg Eichelsheim (bei Mannheim) in Haft verbracht. Ebenfalls in seiner Funktion als Reichsrichter war Ludwig an der Hinrichtung des vom Konzil als Ketzer verurteilten Jan Hus beteiligt, den er persönlich zum Scheiterhaufen geleitete und vergeblich zum Widerruf aufforderte. Konnte die Kurpfalz von ihrer Königsnähe auch unter Ludwig III. zunächst noch profitieren, kam es in späteren Jahren zum Zerwürfnis zwischen dem Kurfürsten und dem König. Die Tradition besonderer Königsnähe war damit beendet; die Kurfürsten betrieben fortan eine eigenständigere Territorialpolitik, zeitweise auch gegen den König.

Das Gebiet der Kurpfalz wurde unter den Nachfolgern König Ruprechts weiter vergrößert. Die im südwestdeutschen Raum noch wenig festgelegten territorialen Verhältnisse boten günstige Möglichkeiten der Expansion. War das pfälzische Territorium bisher überwiegend durch friedliche Erwerbung gewachsen, än-

Abb. 6: Kurfürst Friedrich der Siegreiche (1449–1476)

derte sich dies mit Kurfürst Friedrich I. dem Siegreichen (1449-1476) (Abb. 6) gründlich, denn er betrieb als erster Pfälzer Landesfürst eine Politik militärischer Eroberungen. Friedrich gehört zu den bis heute populären Gestalten unter den Pfälzer Kurfürsten. Als zweiter Sohn Kurfürst Ludwigs III. stand er in der Erbfolge zurück hinter seinem Bruder, dem Kurfürsten Ludwig IV.

(1436-1449), der bei seinem frühen Tod aber nur den einjährigen Sohn Philipp hinterließ. Friedrich übernahm die Vormundschaft über das Kind und die Regentschaft in der Pfalz. So zeichnete sich eine langjährige, der Pfalz kaum förderliche Regentschaftsregierung ab, was Friedrich aber dadurch unterlief, dass er um den Jahreswechsel 1451/1452 seinen Neffen adoptierte und sich - mit Zustimmung der Räte und der Vertreter des Landes - selbst die Herrschaft in der Pfalz auf Lebenszeit sicherte. Um Philipps Erbrecht nicht zu gefährden, verpflichtete er sich zur Ehelosigkeit. Später ließ er sich von dieser Klausel suspendieren und heiratete seine Geliebte Clara Dett, mit der er zwei Söhne hatte.

Die im Herbst 1451 unter der Bezeichnung **Arrogation** ins Werk gesetzte, im Januar 1452 abgeschlossene Herrschaftsübernahme Friedrichs I. war rechtlich problematisch. Die Adoption des Neffen durch den Onkel ging zu Lasten des Herrschaftsanspruchs Philipps, der erst nach dem Tod des Adoptivvaters an die Regierung kommen würde, was den Bestimmungen der Goldenen Bulle widersprach. Innerhalb des Landes wurde diese Regelung überwiegend akzeptiert, außer in der Oberpfalz: Amberg musste 1454 militärisch zur Unterwerfung gezwungen werden. Die Zustimmung des Papstes konnte Friedrich I. zwar erreichen, Kaiser Friedrich III. und einige Nachbarn verweigerten sie jedoch. Die Feindschaft des Kaisers entzündete sich nicht nur am umstrittenen Herrschaftsanspruch Friedrichs, sondern auch an dessen Eroberungspolitik sowie an der Konkurrenz um die Landvogtei im Elsass.

Auch Friedrichs Territorialpolitik belastete das Verhältnis zu den Nachbarn. Seine Gegner waren das Erzstift Mainz, Württemberg und Baden, besonders aber die Vettern in Zweibrücken-Veldenz. Der Kurfürst steigerte die militärische Schlagkraft seines Landes erheblich und setzte sie zur Durchsetzung seiner Ansprüche ein. Seine Kriegszüge zielten auf möglichst große Schädigung des Gegners und trafen besonders die Landbevölkerung. Einen ersten Erfolg errang er, als er 1450 in der Lützelsteiner Fehde die gleichnamige Grafschaft seinem Territorium einverleibte. Einen weiteren Triumph feierte er im Juli 1460, als er in der Schlacht bei Pfeddersheim eine Koalition des Mainzer Erzbischofs Diether von Isenburg mit anderen Kurpfalz-Gegnern dank hessischer Hilfe besiegte und zum Frieden zwang. Mainz musste das Amt Schauenburg an die Kurpfalz verpfänden. Neben der im Krieg zerstörten Burg Schauenburg gingen die vor den Toren Heidelbergs gelegenen Orte Handschuhsheim und Dossenheim sowie die Klöster auf dem Heiligenberg in den Pfandbesitz der Kurpfalz über. Graf Ulrich von Württemberg wurde ebenso militärisch zum Verzicht auf seine Ansprüche gezwungen wie Pfalzgraf Ludwig der Schwarze von Veldenz 1461 zu Gebietsverpfändungen und zum Lehneid.

Weiteren Zuwachs im Norden seiner Residenzstadt gewann Friedrich im November 1461, als ihm der vom Papst abgesetzte Erzbischof Diether von Mainz während der Mainzer Stiftsfehde das Amt Starkenburg gegen Kriegshilfe verpfändete. Friedrichs Parteinahme für Diether und gegen den vom Papst unterstützten Erzbischof Adolf von Nassau trug ihm den päpstlichen Bann ein und ließ die alte Koalition seiner Gegner wieder aufleben, die er in der Schlacht von Seckenheim im Juni 1462 jedoch besiegte. Die vom Papst zur Bedingung gemachte Aussöhnung mit Erzbischof Adolf machte schließlich den Weg frei zur Wahl seines Bruders Ruprecht zum Erzbischof von Köln. Auch die folgenden Jahre waren mit Kriegszügen angefüllt, wobei sich der Wirkungskreis Friedrichs immer mehr erweiterte: Er intervenierte im Breisgau, im Leininger Erbfolgestreit, zugunsten seines Bruders in Köln, in Weißenburg im Elsass. Die Feindschaft des Kaisers, der ihn 1474 in die Reichsacht erklärte, war eine Konstante in diesen Auseinandersetzungen, aus denen die Kurpfalz insgesamt aber territorial vergrößert und keineswegs verschuldet hervorging. Dass im rheinischen Landesteil auch in einer Zeit ständiger Kriege Landstände nicht aufkamen, die sich anderswo politische Mitspracherechte sichern konnten, weil die Finanznot der Fürsten einen Ansatzpunkt lieferte, spricht für die stabile wirtschaftliche Verfassung der Kurpfalz.

Friedrich der Siegreiche wurde von zeitgenössischen Panegyrikern wie Michael Beheim und Matthias von Kemnath gepriesen, von seinen Gegnern als »böser Fritz« geschmäht. Die Kurpfalz erreichte in seiner Zeit ihre größte territoriale Ausdehnung. Die Abrundung des Territorialbesitzes am unteren Neckar und an der Bergstraße, im rheinhessischen Hügelland und in der Vorderpfalz war die wichtigste Frucht seiner Territorialpolitik, die der Kurpfalz aber auch Kriege und Zerstörungen eintrug. Die Universität erhielt 1452 neue Statuten, mit denen auch der Wegestreit zwischen den philosophischen Richtungen der Nominalisten und Realisten durch Anerkennung beider entschärft wurde. Die Professorenbesoldung wurde neu geregelt und das römische Recht im Fächerkanon etabliert.

Philipp der Aufrichtige und der Landshuter Erbfolgekrieg

Philipp, der die Jahre des Wartens als Statthalter in der Oberpfalz zubrachte, hatte sich in die Hinausschiebung seines Herrschaftsantritts gefügt und auch akzeptiert, dass Teile des pfälzischen Territoriums, darunter die vier östlich des mittleren Neckars gelegenen Ämter Weinsberg, Löwenstein, Neuenstadt und Möckmühl, an die natürlichen Söhne Friedrichs des Siegreichen übertragen wurden. Als Kurfürst (1476–1508) (Abb. 7) erreichte

Abb. 7: Kurfürst Philipp der Aufrichtige (1476–1508)

Philipp freilich eine Reduzierung der Verluste, was der vorzeitige Tod des älteren der Vettern erleichterte. Friedrichs des Siegreichen zweiter Sohn Ludwig »von Bayern« wurde schließlich mit der Grafschaft Löwenstein abgefunden. Auch Kurfürst Philipp versuchte in der Tradition seines Vorgängers, die pfälzische Vormachtstellung in Südwestdeutschland auszubauen und den Einflussbereich nach Möglichkeit zu erweitern.

Seine Ehe mit Margarete von Bayern-Landshut, aus der eine zahlreiche Nachkommenschaft hervorging (siehe Stammtafel 1b, S. 202), war folgenreich für die Pfalz, die in die Auseinandersetzungen um das Erbe Georgs des Reichen von Bayern-Landshut verwickelt wurde. Das Herzogtum Bayern hatte seit der Mitte des 13. Jahrhunderts mehrere Teilungen erlebt; seit 1447 bestanden noch die Fürstentümer Bayern-München (Oberbayern) und Bayern-Landshut (Niederbayern). Es war absehbar, dass Herzog Georg von Bayern-Landshut ohne männlichen Erben sterben und sein Land an die Münchener Linie fallen würde, wie es den bestehenden Hausverträgen entsprach. Dies versuchte Georg zu verhindern, indem er das Erbe testamentarisch seiner einzigen Tochter Elisabeth übertrug. Zu diesem Zweck sollte sie mit einem pfälzischen Prinzen verheiratet werden. Die Wahl fiel auf den dritten Sohn Philipps des Aufrichtigen, Ruprecht, der zu diesem Zeitpunkt noch Bischof von Freising war, also erst durch eine päpstliche Dispens in den weltlichen Stand zurückversetzt werden musste. Die Ehe Ruprechts mit Elisabeth wurde 1499 geschlossen. Die aus ihr abgeleiteten pfälzischen Ansprüche auf das niederbayerische Erbe waren nicht eben gut begründet, und die Pfalz hatte sich durch ihre kriegerische Politik in der Vergangenheit zahlreiche Feinde gemacht. Zu ihren Gegnern zählte außer Herzog Albrecht IV. von Bayern-München auch König Maximilian I., der selbst einen Teil des Landshuter Erbes beanspruchte und eine pfälzische Machtballung um die Oberpfalz und Niederbayern mit Sorge betrachtete. Im Dezember 1503 trat mit dem Tod Georgs des Reichen der Erbfall ein.

Ruprecht und Elisabeth suchten im Vertrauen auf die Geldmittel des Verstorbenen und auf kurpfälzische Hilfe im April 1504 die militärische Entscheidung. Der Landshuter oder bayerisch-pfälzische Erbfolgekrieg wurde nicht nur für Bayern, sondern auch für die Kurpfalz zu einer tiefen Zäsur. Auf der Seite der Gegner der Pfälzer standen außer König Maximilian und Herzog Albrecht der Schwäbische Bund und eine Reihe von Fürsten (Württemberg, Hessen, Pfalz-Zweibrücken), die mit der Pfalz zum Teil noch Rechnungen zu begleichen hatten. Kriegshandlungen gab es nicht nur in Bayern und in der Oberpfalz, sondern auch in der Rheinpfalz. Hier musste der Kurfürst nach einem verheerenden Verwüstungskrieg große Verluste hinnehmen: Die Ortenau und die elsässische Landvogtei gingen an den Habsburger verloren; Württemberg eroberte Maulbronn, Besigheim, Löwenstein, Weinsberg, Neuenstadt und Möckmühl, also die Außenposten, die man erst in jüngerer Zeit dazugewonnen hatte. Der Kernbereich der Kurpfalz konnte jedoch verteidigt werden, auch wenn hessische Truppen bis kurz vor die Tore Heidelbergs vordrangen und die nördlichen Gebiete sowie die linksrheinische Pfalz von den Feinden schrecklich verwüstet wurden. Auch die Oberpfalz wurde stark in Mitleidenschaft gezogen. Das Landshuter Herzogspaar, um dessen Ansprüche es ging, starb während der Kämpfe an den Folgen der Ruhr (1504).

Damit hatte der Krieg seinen Sinn verloren. 1505 kam es zum Waffenstillstand und wenig später zu einer Entscheidung König Maximilians, dem Kölner Spruch, der den Konflikt beendete und folgenreiche Festlegungen traf: Das Landshuter Fürstentum wurde zum größeren Teil dem Herzog von Bayern-München zugesprochen, doch wurde für die beiden kleinen Söhne Ruprechts und Elisabeths, Ottheinrich und Philipp, ein neues Fürstentum errichtet, Pfalz-Neuburg um die Hauptstadt Neuburg an der Donau. Hinsichtlich der rheinischen Gebietsteile war eine Übereinkunft schwieriger und wurde erst 1509, mit Württemberg und Hessen sogar erst 1512 beziehungsweise 1521 erreicht. Die Kurpfalz verlor ihre Besitzungen in der Ortenau und im Elsass und ebenso die Gebiete im mittleren Neckarraum (zu den Verlusten vgl. auch Karte 3). Auch wenn der Kernbestand des Territoriums durch den Ausgang des Landshuter Kriegs nicht tangiert war, schwand mit dem Verlust der Außenposten die Aussicht

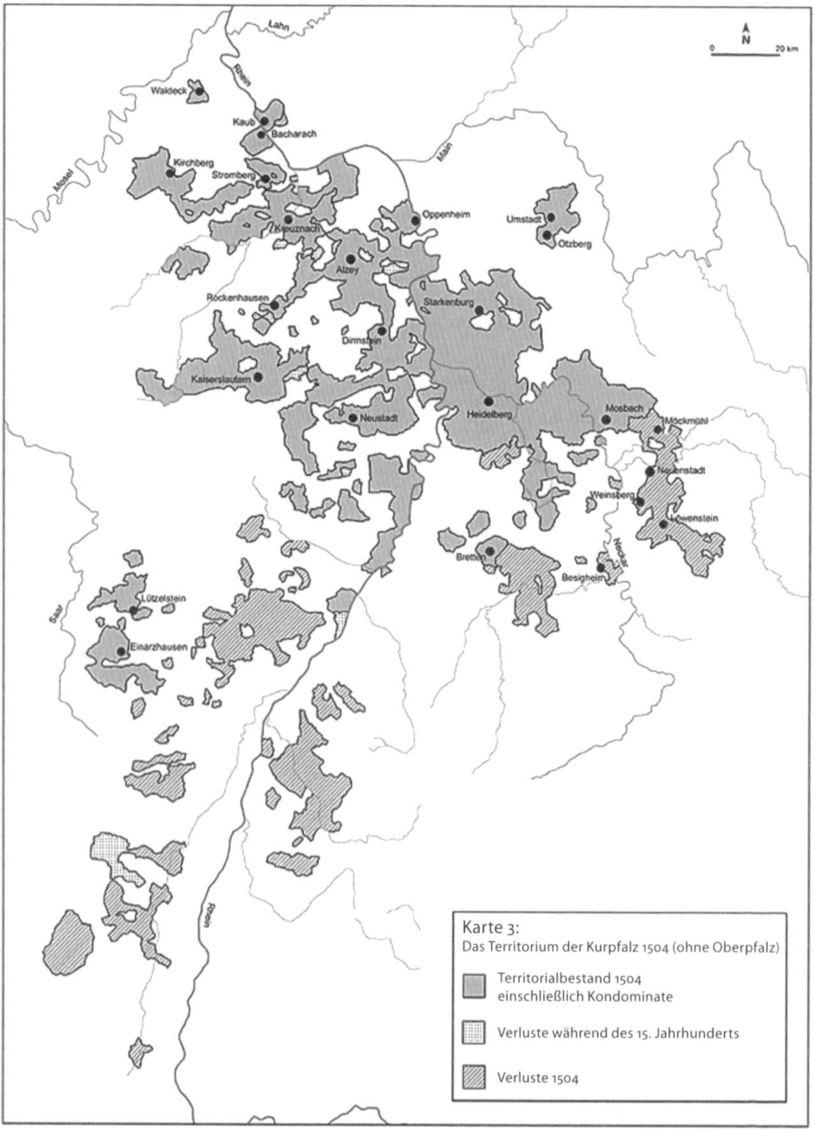

Karte 3:
Das Territorium der Kurpfalz 1504 (ohne Oberpfalz)

Territorialbestand 1504 einschließlich Kondominate

Verluste während des 15. Jahrhunderts

Verluste 1504

auf künftige territoriale Ausdehnung vor allem nach Süden und Osten. Das Land war verwüstet, hoch verschuldet und nach den Gebietsgewinnen des zurückliegenden Jahrhunderts im wesentlichen wieder auf sein Kernterritorium reduziert. Die folgenden Jahrzehnte standen deshalb unter dem Erfordernis eines harten Konsolidierungskurses, der eine ähnlich risikobereite Politik wie während des 15. Jahrhunderts für lange Zeit ausschloss.

Am 30. Juli 1505 gab König Maximilian auf dem Kölner Reichstag im **Kölner Spruch** seine Entscheidung in den nach dem Ende des Landshuter Kriegs zu regelnden Streitfragen bekannt. Danach wurden dem Pfalzgrafen Friedrich als dem Vormund der Kinder Ottheinrich und Philipp Stadt und Schloss Neuburg an der Donau und mehrere Ämter mit einem jährlichen Gesamtertrag von 24.000 Gulden zugesprochen. Die genauen Grenzen des Fürstentums, das auch »Junge Pfalz« hieß, wurden nach einer Taxierung durch eine Kommission im Ingolstädter Hauptrezess vom 13. August 1509 festgelegt: Es umfasste insgesamt sechs verstreut liegende Gebietsteile, darunter zwei um Neuburg und Lauingen an der Donau und vier nördlich und nordöstlich von Regensburg gelegene um Hilpoltstein, Burglengenfeld, Sulzbach und Weiden (siehe Karte 4).

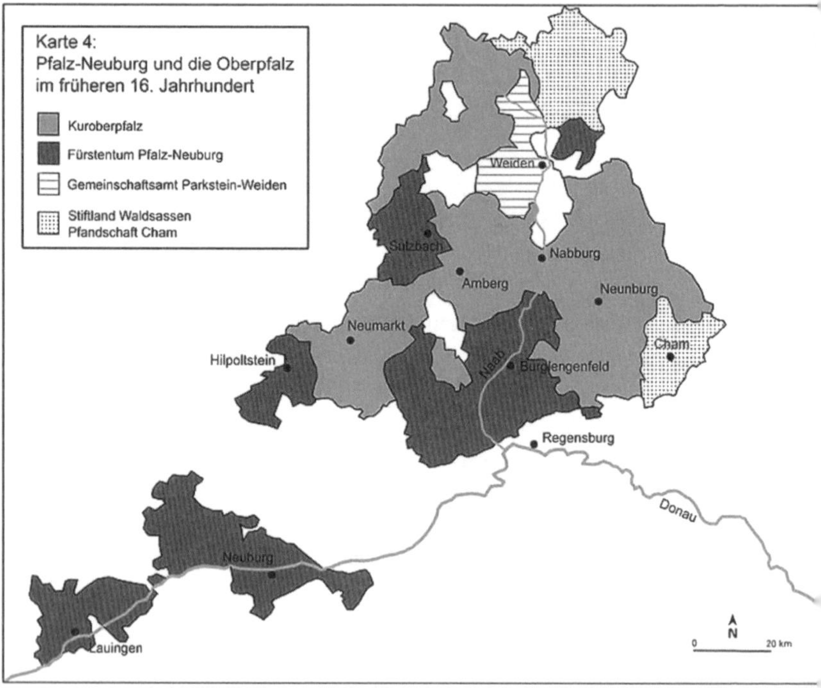
Karte 4:
Pfalz-Neuburg und die Oberpfalz im früheren 16. Jahrhundert
Kuroberpfalz
Fürstentum Pfalz-Neuburg
Gemeinschaftsamt Parkstein-Weiden
Stiftland Waldsassen
Pfandschaft Cham
Weiden
Sulzbach
Nabburg
Amberg
Neunburg
Neumarkt
Cham
Hilpoltstein
Naab
Burglengenfeld
Regensburg
Donau
Neuburg
Lauingen
N
0
20 km

Konsolidierung und Vorreformation: Von Ludwig V. zu Friedrich II.

Obgleich die Kurpfalz durch die Niederlage im Landshuter Erbfolgekrieg auf ihr Kernterritorium zurückgeworfen war, behielt sie mit der Kurwürde und dem Reichsvikariat einen besonderen Rang unter den weltlichen Fürstentümern des Reichs. Der Zwang zur Konfliktvermeidung im Interesse der Konsolidierung des Landes, das Ruhe und Ordnung dringend benötigte, um die Folgen der Katastrophe zu bewältigen, bestimmte die Politik der Kurfürsten in der ersten Hälfte des 16. Jahrhunderts. Diese Jahrzehnte waren in Südwestdeutschland gekennzeichnet durch die Sickingenfehde und den Bauernkrieg, vor allem aber durch die Ausbreitung der Reformation. Als Hintergrund der Konsolidierungspolitik ist zunächst jedoch die innere Ordnung um 1500 näher in den Blick zu nehmen.

Die innere Ordnung der Kurpfalz um 1500

Nach einer berühmten Definition Theodor Mayers bedeutete mittelalterliche Herrschaft die Herrschaft über Personen, neuzeitliche Herrschaft die Herrschaft über Fläche, über einen Raum. Die Unterscheidung des mittelalterlichen aristokratischen, dezentralen und feudalen »Personenverbandsstaats« vom neuzeitlichen institutionellen »Flächenstaat« geht jedoch von Idealtypen aus. Wie sehr die Vorstellung einer Staatswerdung auf dem Weg einer stetig vorangetriebenen Durchdringung eines klar abgegrenzten Raumes mit Herrschaft die Realitäten vereinfacht, zeigt gerade das Beispiel der Kurpfalz. Als Flächenstaat wird man das stark zersplitterte kurpfälzische Territorium um 1500 (siehe Karte 3, S. 44) kaum bezeichnen können. Auch ein einheitlicher Untertanenverband, gegen den ein staatliches Herrschaftsmonopol hätte zur Geltung gebracht werden können, existierte nur in Ansätzen. Die allgemeinen Tendenzen der Zeit, die zunehmende Zentralisierung von Herrschaft und die Intensivierung der Verwaltung, lassen sich freilich auch in der Kurpfalz beobachten.

Sie unterschied sich von anderen Territorien auch durch die strukturellen Unterschiede von rheinischer Pfalz und Oberpfalz, zu denen 1505 als eine Art Nebenland Pfalz-Neuburg hinzutrat, das mit der Oberpfalz geographisch und politisch eng verbunden war. Die Oberpfalz, wegen ihrer Eisenproduktion für die Kurpfalz von großer wirtschaftlicher Bedeutung, war territorial geschlossener als der rheinische Landesteil (siehe Karte 4, S. 46). An Fläche ungefähr gleich groß, war sie weniger auf die Rheinpfalz hin orientiert als auf Nürnberg, Regensburg und das Herzogtum Bayern. Die Statthalter hatten es mit aktiven Landständen zu tun, die aus Prälaten, Adel und Städten bestanden. Am Rhein wurde die Fragmentierung des pfälzischen Herrschaftsraums durch die Existenz zweier Nebenlinien, Simmern und Zweibrücken-Veldenz, noch verstärkt, aber auch durch die Teilung von Herrschaftsrechten mit anderen Obrigkeiten in Kondominaten. Solche gemeinsamen Herrschaften bestanden etwa in Umstadt mit Hessen, in der Vorderen Grafschaft Sponheim mit Baden und Pfalz-Simmern, in Ladenburg mit dem Hochstift Worms und im oberpfälzischen Gemeinschaftsamt Parkstein-Weiden mit Pfalz-Neuburg.

Entsprachen die Verhältnisse in der Oberpfalz in etwa der Normalität im Reich, bildete der rheinische Landesteil mit seinen komplizierteren Verhältnissen eher einen Sonderfall. Hier hatten die Pfalzgrafen zu Beginn der Neuzeit eigentlich eine starke Stellung, weil sich Landstände im Unterschied zur Oberpfalz nicht herausgebildet hatten. Es mangelte nicht nur an einem wesentlichen Antrieb zu ihrer Entstehung, nämlich der Geldnot des Fürsten, sondern auch an einem landsässigen Adel und geeigneten Städten, denn die pfälzischen Städte waren, soweit es sich um verpfändete Reichsstädte handelte, nicht einfach als landsässig zu behandeln. An die Stelle von Landständen traten zu außergewöhnlichen Gelegenheiten einberufene Notabelnversammlungen, zu denen nicht nur Landsässige zusammenkamen, sondern auch die Schutz- und Schirmverwandten. Zum Landtag verfestigten sie sich nie.

Im übrigen beruhte die Herrschaft der Pfalzgrafen auf einem »Konglomerat von Herrschaftstiteln« (Schaab), die sich aus unterschiedlichen Wurzeln herleiteten: aus Grundbesitz, aus Gerichts-, Steuer- und militärischen Rechten sowie aus schwer definierbaren Schirmrechten und Abhängigkeitsverhältnissen. Der Grundbesitz der Pfalzgrafen war weit verstreut. Er bestand aus Höfen, Burgen, Weinbergen und Wäldern, woran in der Regel Einkünfte hingen, die durch einen Keller verwaltet wurden. Für den Territorialausbau wichtiger als die pfalzgräflichen Domänen war die Gerichtsbarkeit als Merkmal von Herrschaft. Um 1500 bestand in der Kurpfalz eine komplizierte Gemengelage an Gerichtsbarkeiten, die zum Teil noch beim Adel lagen, zum Teil bei Dorfgerichten oder bei den Städten. Hier ging das Bestreben der Pfalzgrafen dahin, eine übergeordnete Justiz durchzusetzen. Im rechtsrheinischen Gebiet nutzten die Pfalzgrafen die Zenten, ursprünglich eine Untergliederung der Grafschaften, die im Laufe der Zeit zu einer Instanz in der höheren Gerichtsbarkeit geworden waren. Die Zenthoheit war ein wesentliches Element der Landeshoheit in der Hand der Pfalzgrafen. Einen gewissen Abschluss in dieser Entwicklung bildete 1462 die Einrichtung eines Hofgerichts in Heidelberg als oberster Instanz für alle Zent- und Stadtgerichte. Damit wurden die Pfalzgrafen zur letzten Appellationsinstanz, und das »privilegium de non appellando« der Goldenen Bulle war realisiert.

In der Goldenen Bulle war den Kurfürsten das »privilegium de non appellando« gewährt worden, das die Anrufung von fremden Gerichten über den Landesherrn hinweg untersagte. Größere Bedeutung gewann dieses Recht aber erst in der Neuzeit, als Appellationen üblicher wurden und mit dem Reichskammergericht ein Appellationsgericht über den Territorien zur Verfügung stand. Jetzt bemühten sich fast alle größeren Territorien um dieses Privileg.

Neben der Gerichtshoheit waren Steuern und Militärdienst die wichtigsten Bestandteile der pfälzischen Landeshoheit. Seit dem 15. Jahrhundert haben die Pfalzgrafen eine Besteuerung durchgesetzt, die Schatzung, bei der das Vermögen der einzelnen Haushalte geschätzt und mit fünf Prozent besteuert wurde. Die Durchsetzung dieser direkten Steuer gegen Adel und Geistlichkeit und in den ehemaligen Reichsstädten bereitete allerdings erhebliche Schwierigkeiten. Die militärische Dienstpflicht der Untertanen galt zunächst nur für die Landesverteidigung, nicht für Kriegszüge nach außen, für die man - wie Friedrich der Siegreiche es mit den Schweizern praktizierte - entweder Söldner verwenden oder die Lehnsleute des Pfalzgrafen heranziehen musste, etwa die Kraichgauer Ritterschaft.

Von den genannten Formen direkter Herrschaft sind Formen indirekter Herrschaft zu unterscheiden, die für die Pfalz in Gestalt des Geleitsrechts, des Schirmrechts und des Leibeigenschaftsrechts von großer Bedeutung waren. Fremde Fürsten, Juden oder Pilger mussten beim Landesherrn um Geleit bei der Durchreise durch das pfälzische Territorium nachsuchen; bei Kaufleuten ließ sich auf diese Weise kontrollieren, ob sie an den Zollstationen die fälligen Abgaben entrichteten. Die Pfalz beanspruchte das Geleitsrecht in einem Raum, der erheblich größer war als das eigentliche Territorium: Im Norden reichte er bis Bingen, Mainz und Frankfurt, im Südwesten bis Straßburg, im Süden bis Pforzheim, im Osten bis Mergentheim an der Tauber. Dieser faktische Einflussbereich des Pfalzgrafen überwölbte das kleinere und zersplitterte Hoheitsgebiet. Ähnlich wirkten Schutz- und Schirmverträge mit benachbarten Herrschaften, durch die ein Satellitensystem um die Kurpfalz entstand. Neben kleineren Adligen gehörten auch Reichsstädte wie Heilbronn, Wimpfen, Speyer und Worms sowie die Hochstifte Speyer und Worms zum Satellitensystem der Pfalz. Der Ausdehnung des pfälzischen Einflussbereiches über das Territorium hinaus diente schließlich das Wildfangrecht, das heißt der Anspruch, dass jeder, der sich herrenlos niederließ, zum Leibeigenen der Pfalz wurde und Steuern bezahlen musste. Die Pfalzgrafen beanspruchten dieses Recht nicht nur auf dem eigenen Hoheitsgebiet, sondern ebenfalls für einen größeren Raum, was zu endlosen Streitigkeiten mit benachbarten Herrschaften führte.

Die Kurpfalz gehörte noch um 1500 zu den wohlhabenden Territorien, bis der Landshuter Krieg sie in Schulden stürzte. Außerdem galt sie als effizient regiertes und verwaltetes Land. Das zentrale Regierungsorgan war der Rat, der erst 1557 durch die Errichtung eines Oberrats reformiert wurde. Neben dem Rat war der Hof des Kurfürsten das politische Machtzentrum der Pfalz. Eine besonders aufwendige Hofhaltung hat es in Heidelberg um 1500 nicht gegeben. Die Kurfürsten zeichneten sich aber durch Sinn für Kunst, Literatur und Musik aus. Schon im 15. Jahrhundert legten sie den Grundstein zu einer Bibliothek, und sie förderten die von Italien nach Deutschland kommende humanistische Geistesrichtung. Als erster Vertreter des Frühhumanismus in der Pfalz gilt Peter Luder, der 20 Jahre in Italien zubrachte und in den fünfziger Jahren des 15. Jahrhunderts in Heidelberg lehrte. Vertreter des Humanismus in Heidelberg waren nach ihm der Elsässer Jakob Wimpfeling, ein gefeierter Redner und Dichter sowie Mitglied der Artistenfakultät und Rektor der Heidelberger Universität. Um die Wende zum 16. Jahrhundert stand der Heidelberger Humanismus in Blüte. Zum Mittelpunkt eines Humanistenkreises wurde Johann von Dalberg, Bischof von Worms, der nach Humanistenart einen gelehrten Kreis um sich sammelte, in dem man die Begeisterung für die Antike, für die klassischen Sprachen, Rhetorik und Geschichte pflegte. Zum Dalberg-Kreis zählten neben anderen auch der berühmte Hebraist Johannes Reuchlin und der Wanderpoet und Erzhumanist Konrad Celtis, die der Pfalz und Heidelberg allerdings nur einige Jahre treu blieben. So entsprach der politischen Blüte des Pfälzer Territoriums vor dem Landshuter Krieg auch eine kulturelle Blüte, die den Erbfolgekrieg aber nicht überstand.

Die Erben Philipps des Aufrichtigen

Kurfürst Philipp der Aufrichtige, dessen Politik die Pfalz in die Katastrophe geführt hatte, starb 1508. Anhand der Karrieren seiner sieben Söhne (siehe Stammtafel 1b, S. 202) sind Bedeutung und Einfluss der Pfalz im Reich eindrucksvoll zu demonstrieren: Dem ältesten Sohn und Erben der Kurwürde Ludwig V. fiel in seiner langen Regierungszeit (1508–1544) die schwierige Aufgabe der Konsolidierung zu. Von den übrigen Söhnen Philipps des Aufrichtigen hatten fünf eine geistliche Karriere eingeschlagen. Der zweitälteste Sohn Philipp war seit 1498 Bischof von Freising, wo er seinem jüngeren Bruder Ruprecht nachfolgte, der sein Amt aufgegeben hatte, um Elisabeth von Bayern-Landshut heiraten zu können. Einige Jahre später gewann Philipp zu Freising noch das Bistum Naumburg hinzu. Beim Tod Philipps des Aufrichtigen war sein jüngster Sohn Johann Bischof von Regensburg. Zwei weitere Söhne, Georg und Heinrich, hatten ebenfalls geistliche Karrieren eingeschlagen. Georg hatte beim Tod des Vaters eine

Reihe von Pfründen in Trier, Mainz und anderswo erworben und wurde auf massiven Druck seines Bruders Ludwig 1513 zum Bischof von Speyer gewählt. Ähnlich verhielt es sich mit Heinrich, der zahlreiche Pfründen häufte, bevor er 1524 auf Betreiben des Kurfürsten als Koadjutor des Bischofs von Worms angenommen wurde; er war damals nur Subdiakon und hat nie eine Bischofsweihe erhalten. 1524 übernahm er zusätzlich das Bistum Utrecht, das er einige Jahre später aber wieder aufgeben musste. Statt dessen verwaltete er später das Bistum Worms als Administrator und wurde 1540 Koadjutor seines Bruders Philipp in Freising, dem er 1541 nachfolgte. In diesen Beziehungen wird nicht nur die tiefe Verwurzelung der Pfälzer Wittelsbacher im System der Reichskirche deutlich, sondern auch, in welchem Maße die Hochstifte Worms und Speyer als Annexe der Pfalzgrafschaft behandelt wurden.

Die **Reichskirche** des beginnenden 16. Jahrhunderts war eine Adelskirche und diente nicht zuletzt der standesgemäßen Versorgung nachgeborener Söhne, denn das Bischofsamt hatte zwei Seiten: Es umfasste neben geistlichen Aufgaben in der Diözese auch landesherrliche Rechte im Hochstift, das der Bischof wie ein weltlicher Fürst regierte. Die Häufung von Bistümern in einer Hand entsprach zwar nicht dem Kirchenrecht, kam aber trotzdem nicht selten vor, ebenso die Verwaltung eines Bistums durch einen Administrator (Verwalter), bei dem in der Regel Hindernisse für die Bischofsweihe vorlagen, etwa eine fehlende Priesterweihe. Der Koadjutor (Helfer) wurde in vielen Fällen nach dem Tod des Amtsinhabers dessen Nachfolger.

Von den Söhnen Philipps des Aufrichtigen hat außer dem Ältesten nur einer keine geistliche Karriere eingeschlagen, Friedrich. Nach der üblichen Erbfolge hätten auf Ludwig V. nach dessen kinderlosem Tod die Kinder seines Bruders Ruprecht folgen müssen, also Ottheinrich und Philipp von Pfalz-Neuburg. Aber Philipp der Aufrichtige hatte in seinem Testament anders verfügt und seinen Sohn Friedrich in der Erbfolge vor die beiden Enkel gesetzt, was einen Verstoß gegen das Reichsrecht darstellte, von den Kindern aber nicht ernsthaft angefochten werden konnte, zumal der von der Neuregelung Begünstigte ihr Vormund war. Ludwig V. und Friedrich einigten sich 1508 auf eine gemeinsame Regierung, wobei Ludwig als Kurfürst das Kurpräzipuum und andere wichtige Gebiete in der Hand behielt. Friedrich fungierte meistens als Statthalter in der Oberpfalz, hatte aber in den Jahren, in denen er darauf wartete, endlich selbst Kurfürst zu werden, Zeit genug, um seine eigenen Pläne zu verfolgen.

Sein Leben war lange Zeit das eines Abenteurers; sein langjähriger Sekretär und Vertrauter Hubert Thomas aus Lüttich (Leodius) verfasste eine Lebensbeschreibung. Friedrich lernte das Hofleben am burgundischen Hof in Brüssel kennen und stand seit dieser Zeit in enger Verbindung zu den Habsburgern, obwohl er sich mit Kaiser Karl V. später nicht besonders gut verstand. Das Verhältnis war belastet, seit Friedrich sich in Karls Schwester Eleonore verliebt, Karl einer Ehe aber nicht zugestimmt hatte. Seither versuchte Friedrich lange Zeit vergeblich, eine standesgemäße oder wenigstens reiche Braut für sich zu gewinnen. Auf Vermittlung der Habsburger erhielt er schließlich die Hand Dorotheas von Dänemark, der Tochter des aus seinem Land verjagten Königs Christian II. Ein Königreich trug sie ihm allerdings nicht ein, sondern nur einen Anspruch, der sich nicht verwirklichen ließ. Daneben übernahm Friedrich auch politische Aufgaben im Auftrag der Habsburger. Er wirkte längere Zeit als Vertreter des Kaiserbruders Ferdinand am Reichsregiment, das Karl V. für die Zeit seiner Abwesenheit aus dem Reich eingesetzt hatte, und diente als Feldherr gegen die Türken, so 1529 bei der Belagerung Wiens.

Abb. 8: Pfälzer Wappen aus der Zeit Kurfürst Ludwigs V., Schloss Heidelberg

Sein Bruder Ludwig war eine weniger schillernde Gestalt, weniger weit gereist und weniger weltmännisch. Als Kurfürst, der ein schwer angeschlagenes Land übernommen hatte, betrachtete er es als seine erste Aufgabe, die Pfalz in ruhigeres Fahrwasser zu führen und sie nach den Kriegszerstörungen wieder aufzubauen. Er war an neuen Konflikten, die einen Rückschlag für seine Konsolidierungspolitik hätten bedeuten können, deshalb nicht interessiert und versuchte, im eigenen Land, aber auch im Reich, eine Politik des Ausgleichs und der Verständigung zu betreiben. Ludwig bemühte sich in der Anfangsphase seiner Regierung um die Aussöhnung mit den bayerischen Vettern – 1511 führte dies zu seiner Eheschließung mit Sibylle von Bayern-München. Auch das Verhältnis zu den Habsburgern versuchte er wieder zu normalisieren, nachdem es seit langem zerrüttet war und zuletzt König Maximilian im Landshuter Krieg gegen die Pfalz gestanden hatte. Als nach dem Tod Maximilians 1519 ein neuer König gewählt werden musste, unterstützte Ludwig zunächst zwar die Kandidatur des französischen Königs Franz I., gewählt wurde mit der pfälzischen Stimme schließlich aber Karl V., was mit Geld und der Bestätigung pfälzischer Rechte belohnt wurde.

Sickingen-Fehde und Bauernkrieg

Ludwigs frühe Regierungszeit war von zwei großen Auseinandersetzungen bestimmt, der Sickingen-Fehde und dem Bauernkrieg. Die Reichsritterschaft, die im Umfeld der Kurpfalz stark vertreten war, geriet im frühen 16. Jahrhundert zunehmend in eine soziale und politische Schieflage. Ihre traditionelle Stellung in Verwaltung und Kriegswesen war angefochten durch bürgerliche Juristen und ausländische Söldner. Sie stand zudem unter Druck durch die erstarkenden Territorialstaaten. Wirtschaftlich herrschte teilweise blanke Not, die die Ritter dazu zwang, von Raub und Fehden zu leben. In dieser Situation entschlossen sich einige unter der Führung des Franz von Sickingen zu einem Konfrontationskurs. Sickingens Operationsbasen waren seine Burgen, vor allem Landstuhl westlich von Kaiserslautern und Ebernburg bei Kreuznach. Erhofften sich seine reichsritterlichen Anhänger den Wiederaufstieg zu altem Glanz, dachte Sickingen selbst vermutlich eher daran, sich eine fürstengleiche Stellung zu erobern. Er stand unter dem Einfluss reformatorischer Gedanken und der antiklerikalen Schriften Ulrich von Huttens, weshalb er seine Gegner vor allem in den geistlichen Fürsten sah. Mit dem Erzbischof von Trier lag er schon länger im Konflikt.

Im Herbst 1522 schlug Sickingen los und belagerte vergeblich Trier. Auf der Seite der Sickingen-Gegner spielte Kurfürst Ludwig von der Pfalz neben dem Landgrafen Philipp von Hessen und dem Erzbischof von Trier die wichtigste Rolle. Sickingen musste sich auf seine Burg Landstuhl flüchten, die im Frühjahr 1523 von einer Koalition aus Kurtrier, Kurpfalz und Hessen belagert wurde und Anfang Mai kapitulierte. Bei der Beschießung der Burg wurde Sickingen tödlich verwundet. Es folgte ein Straffeldzug des Schwäbischen Bundes gegen die schwäbische und fränkische Ritterschaft, um sie ein für allemal von weiteren Fehden abzuhalten und zugleich alle Ambitionen auf politisch eigenständige Herrschaftsbildung zu unterdrücken. Mehr als 30 ritterliche Burgen und Schlösser sollen in Flammen aufgegangen sein. Die Fürsten konnten zwar auch jetzt den niederen reichsunmittelbaren Adel ihrer Landeshoheit nicht unterwerfen, aber eine eigenständige politische Rolle hat die Reichsritterschaft seither nicht mehr gespielt.

Anders als in der Sickingen-Fehde wurde im Bauernkrieg das kurpfälzische Territorium unmittelbar in Mitleidenschaft gezogen. Anzeichen für ein Aufbegehren des »Gemeinen Mannes« gab es im Südwesten nicht erst 1525, sondern seit der Mitte des 15. Jahrhunderts war es in der kurpfälzischen Nachbarschaft immer wieder zu Unruhen der Bauern gekommen, so 1502 und 1517 zu Bundschuhaufständen unter der Führung des Joß Fritz. Sie betrafen die Kurpfalz nur am Rande. 1525 jedoch wurde sie Schauplatz des großen Bauernkriegs. Durch Peter Harers Schilderung, die allerdings ganz aus dem Blickwinkel der Obrigkeit geschrieben ist und den Aufstand als unchristliche Empörung verurteilt, ohne nach den Motiven der Bauern zu fragen, sind die Abläufe gut bekannt. Eigene Programme haben die Pfälzer

Abb. 9: Philipp Melanchthon (1497–1560)

Bauern nicht ausgearbeitet; sie übernahmen vielmehr die allgemeinen bäuerlichen Forderungen, wie sie vor allem in den Zwölf Artikeln niedergelegt waren: Orientierung am Göttlichen Recht, freie Pfarrerwahl, Predigt des Evangeliums, Verringerung von Abgaben und Diensten, Abschaffung der Leibeigenschaft und anderes mehr. Der pfälzische Bauernkrieg war von kurzer Dauer: Er begann am 23. April, als in der Nachbarschaft die Kämpfe längst ausgebrochen waren, und endete am 23./24. Juni in der Schlacht bei Pfeddersheim. Die Verwüstungen, die der Bauernkrieg in der Pfalz hinterließ, waren erheblich. Im Linksrheinischen waren 37 Burgen, 18 Klöster, 7 Schlösser und 13 Städte betroffen, die eingenommen, verwüstet, geplündert oder niedergebrannt wurden. Aus dem Elsass griff der Aufstand auf die Ämter Germersheim und Neustadt über, dann erhoben sich die Bauern um Alzey und Kaiserslautern. Heidelberg und Umgebung sind weitgehend ruhig geblieben, ebenso die Oberpfalz.

Kurfürst Ludwig V. zögerte lange, gegen die Aufständischen energisch vorzugehen. Er bat Philipp Melanchthon (Abb. 9), das berühmteste pfälzische Landeskind, um ein Gutachten über die Zwölf Artikel. Melanchthon hat den Aufstand zwar streng verurteilt, den Kurfürsten aber dennoch zur Milde gegenüber den Bauern ermahnt. Erst Ende Mai, als er ausreichende Truppen gesammelt hatte, schlug Ludwig los und zwar zunächst im speyerischen Bruhrain (um Bruchsal), wo sein Bruder, der Speyerer Bischof Georg, den Bauern hatte nachgeben müssen. Der Kurfürst wurde von Truppen des Schwäbischen Bundes unterstützt und sorgte zunächst im Kraichgau für Ruhe, dann zog er in Richtung Franken nach Würzburg und entlang des Mains zurück in die linksrheinische Pfalz, wo er die Bauern bei der Stadt Pfeddersheim am 23. Juni zur Schlacht stellte. Bei dem folgenden Gemetzel sollen 800 Bauern getötet worden sein. Jetzt war es ein leichtes, die linksrheinische Pfalz mitsamt den Städten Speyer und Worms zu befrieden. Melanchthons Ermahnung zur Milde hat der Kurfürst aber ernstgenommen. Er war bemüht, so schnell wie möglich wieder geordnete Verhältnisse zu schaffen.

Die evangelische Bewegung unter Ludwig V.

Sickingenfehde und Bauernkrieg standen bereits im Kontext der Reformation, die den Aufständischen entgegen den Intentionen Martin Luthers Motive und Argumente lieferte. Kurfürst Ludwig V. gehörte zu den wenigen Fürsten im Reich, die sich um eine konfessionsneutrale Politik sowohl in ihrem eigenen Land als auch im Reich bemühten. Er selbst ist äußerlich dem alten Glauben treu geblieben, ohne dass er an religiösen Fragen ein besonderes Interesse gehabt zu haben scheint und ohne dass er sich durch Maßnahmen gegen die Reformation besonders hervortat. Diese unentschiedene, lavierende Haltung wirkte offenbar so unklar, dass manche ihn doch für einen Luthersympathisanten hielten. Ein Zeitgenosse beschrieb die Situation wie folgt: »Der Pfalzgraf hinkt zu beiden Seiten, er hat viele Brüder, die sind Bischöfe, er will nicht gern gegen sie handeln«. Dies unterstellte, dass Ludwig vor allem politische Motive hatte. Tatsächlich wollte er sich durch die Glaubensspaltung sein Aufbauwerk nicht zerstören lassen, denn allzu eindeutige konfessionelle Festlegungen konnten leicht zu Konflikten führen. Also hat Ludwig sich im Reich um Vermittlung zwischen den Konfessionsparteien bemüht. Am Zustandekommen des Nürnberger Anstands von 1532, in dem der Kaiser erstmals, wenngleich nur auf Zeit, von seiner Politik strenger Unterdrückung der Reformation abwich, war der Kurfürst von der Pfalz maßgeblich beteiligt. In ähnlicher Richtung wirkte Ludwig auf vielen folgenden Reichstagen.

Die **reformatorische Bewegung** basierte im Reich bis zur Mitte des 16. Jahrhunderts vorwiegend auf der Lehre Martin Luthers und seiner Wittenberger Mitstreiter, vor allem Philipp **Melanchthons** (eigentlich Schwartzerdt), der 1497 im kurpfälzischen Bretten geboren wurde, seit 1518 aber in Wittenberg lebte und seiner Heimat nur noch gelegentliche Besuche abstattete. Er formulierte die für das Luthertum maßgebliche Bekenntnisschrift, das 1530 auf dem Augsburger Reichstag dem Kaiser übergebene Augsburger Bekenntnis (Confessio Augustana). Zentrum der reformatorischen Theologie war die Rechtfertigungslehre, wonach der sündhafte Mensch der

Vergebung bedarf, weil er die Sünde nicht durch eigene Leistungen kompensieren kann. Rechtfertigung ist ein Geschenk Gottes, das allein aus Gnade (sola gratia) gegeben wird. Dieses Geschenk ist im Glauben und nur durch den Glauben (sola fide) anzunehmen. Eine Werkgerechtigkeit ist unmöglich. Andererseits ist ein Glaube ohne gute Werke tot. Christus ist der einzige Gegenstand des Glaubens (solus Christus). Norm des Glaubens und ausschließliche Autorität für theologische Erkenntnis und christliche Lehre ist die Bibel (sola scriptura). Alle Tradition muss sich an der Bibel prüfen lassen, folglich wird alles verworfen, was dem Schriftprinzip nicht standhält; eine über der Heiligen Schrift stehende Lehrautorität der römischen Kirche und des Papstes wird nicht anerkannt.

Die Kurpfalz selbst wurde von der Reformation früh berührt. 1518 hat Martin Luther im Rahmen der Heidelberger Disputation im dortigen Augustinerkloster (heute Universitätsplatz) seine Theologie vorgestellt, ohne dass er auf die Heidelberger Theologieprofessoren großen Eindruck machte. Anders verhielt es sich mit den bei der Disputation anwesenden Studenten, unter denen sich viele später namhafte evangelische Theologen wie Johannes Brenz, Martin Bucer, Martin Frecht und Erhard Schnepf befanden. Auch nachdem Luther auf dem Wormser Reichstag von 1521 in die Reichsacht erklärt worden war, sorgte der Kurfürst nicht etwa für die Unterdrückung der Ketzerei im eigenen Land, sondern ordnete nur an, dass man über Dinge, die für das Seelenheil unnötig seien, nicht streiten dürfe. Er wollte kein Theologengezänk in seinem Land. Dies schuf große Freiräume für evangelische Predigt, solange die öffentliche Ordnung nicht gestört wurde. Da die Kraichgauritter und die benachbarten Reichsstädte früh evangelisch wurden, stand die Kurpfalz bald in einem reformatorischen Umfeld. Für die Haltung der Untertanen blieb dies nicht folgenlos. Die Universität jedoch blieb altgläubig. In der Oberpfalz gab es eine starke lutherische Bewegung, die vom Statthalter Friedrich nicht wirksam behindert wurde. Hier setzte sich die evangelische Predigt weitgehend durch - die Landstände erreichten gegen Bewilligung von Steuern 1538 inoffiziell das Zugeständnis, evangelische Abendmahlsfeiern veranstalten zu dürfen.

Wie groß die Spielräume zunächst auch in der Rheinpfalz gewesen sind, zeigt das Beispiel des Predigers an der Heiliggeistkirche Heinrich Stoll, der 1526 nach Heidelberg berufen wurde, obwohl er aus Worms wegen lutherischer Gesinnung hatte weggehen müssen. Lediglich nach Sickingen-Fehde und Bauernkrieg ging der Kurfürst für kurze Zeit strenger gegen Evangelische vor, um bald in sein zusehendes und abwartendes Verhalten zurückzufallen. Die Pfalz geriet insgesamt in einen konfessionellen Schwebezustand - evangelische Bewegung im Innern bei nach außen altgläubigem Konfessionsstand -, der fast 30 Jahre andauern sollte und erst unter Ottheinrich im reformatorischen Sinne beendet wurde.

Die Vorreformation unter Friedrich II.

Auch Ludwigs Nachfolger Friedrich II. hat diesen Zustand bestehen lassen, obwohl er selbst im Laufe der Jahre mehr und mehr zu evangelischen Überzeugungen kam. Als Friedrich seinem Bruder 1544 folgte, spitzten sich die konfessionellen Spannungen im Reich zu. Die Militärallianz der evangelischen Stände, der Schmalkaldische Bund, hatte soeben das Herzogtum Braunschweig-Wolfenbüttel besetzt und dort die Reformation eingeführt. Kaiser Karl V. war im Begriff, seine bisherige Politik der Stillstände mit den Protestanten aufzugeben und die vermeintliche Ketzerei auszulöschen. 1546 waren die Voraussetzungen günstig, weil der Dauerkonflikt mit Frankreich für den Augenblick beruhigt und auch mit den Türken ein Frieden erreicht war. Karl nützte die Gelegenheit, um die evangelischen Stände im Schmalkaldischen Krieg militärisch niederzuringen und anschließend die Religionsfrage durch ein kaiserliches Religionsgesetz zu regeln, das Augsburger Interim von 1548.

Das auf dem »geharnischten« Reichstag in Augsburg 1547/48 vom Kaiser durchgesetzte **Augsburger Interim** vom 15. Mai 1548 (Interim = Zwischenlösung) sollte bis zur Entscheidung durch ein allgemeines Konzil eine ursprünglich für alle Reichsstände verbindliche Regelung der Glaubensfrage treffen; tatsächlich wurde es zu einem Sondergesetz für die Evangelischen, weil die katholischen Stände sich weigerten, es anzunehmen. Das Interim enthielt im wesentlichen zwei Zugeständnisse an die evangelische Seite: Priesterehe und Abendmahl unter beiderlei Gestalt wurden freigestellt. In den übrigen Punkten wie der Rechtfertigungslehre, der Lehre von der Kirche einschließlich der Stellung des Papstes, der Siebenzahl der Sakramente, der Lehre von der Messe und von den Heiligen vertrat das Interim altgläubige Auffassungen. Seine Durchführung hätte auf lange Sicht zur Rekatholisierung der evangelischen Gemeinden geführt.

Vor diesem Hintergrund wird die Politik Friedrichs II. verständlich. Ein offener Übergang zur Reformation hätte für die Kurpfalz ein erhebliches Risiko bedeutet, auf der anderen Seite aber auch die Chance geboten, durch Anschluss an den Schmalkaldischen Bund für Friedrichs Anspruch auf den dänischen Thron Unterstützung zu erhalten. Für seine Person war Friedrich entschieden: Er nahm 1545 öffentlich das Abendmahl unter beiderlei Gestalt, was ein demonstratives Bekenntnis zum evangelischen Glauben darstellte. Die Stimmung in der Kurpfalz war durchaus proreformatorisch. Da es keine Landstände gab, beriet sich Friedrich in außerordentlichen Versammlungen mit den der Pfalz verbundenen Notabeln und fand ein positives Echo. 1546 leitete er vorsichtig die Abkehr von seiner bisherigen Politik ein und erließ ein Reformationsmandat, in dem das Abendmahl unter beiderlei Gestalt, der Gottesdienst in deutscher Sprache und die Priesterehe freigegeben wurden, ohne dass diese evangelischen Praktiken aber verbindlich gemacht worden wären. Dies führte dazu, dass in der Heiliggeistkirche das evangelische Abendmahl gefeiert und dass Deutsch als Gottesdienstsprache eingeführt wurde.

Dieser erste reformatorische Anlauf musste nach der Niederlage der evangelischen Stände im Schmalkaldischen Krieg abgebrochen werden. Die Kurpfalz blieb im Krieg zwar neutral, allerdings hatte der Kurfürst dem Herzog von Württemberg Truppen zur Verfügung gestellt und damit den Zorn des Kaisers auf sich gezogen. So musste Friedrich nach dem Krieg bemüht sein, die Gunst des Kaisers wiederzugewinnen. Er suchte ihn in Schwäbisch Hall auf, um sich für seine Politik zu entschuldigen und Schlimmeres abzuwenden. Immerhin erreichte er, dass er nicht so hart wie die schmalkaldischen Fürsten behandelt wurde. Die reformatorischen Maßnahmen mussten zurückgenommen und das Augsburger Interim eingeführt werden. Doch Friedrich führte es ohne besonderen Nachdruck durch, was auf dem Land einfacher war als in Heidelberg, wo man unter Beobachtung stand. Diese Nachlässigkeit führte dazu, dass die reformatorischen Ansätze nicht völlig ausgerottet wurden, so dass man an sie anknüpfen konnte, als sich die allgemeine politische Lage im Reich erneut zu verändern begann. Die geschlagene evangelische Seite erholte sich rasch und brachte dem Kaiser zu Beginn der fünfziger Jahre im Fürstenkrieg eine Niederlage bei, die ihn letztlich in die Abdankung trieb und den Augsburger Religionsfrieden von 1555 möglich machte. Diese Entwicklung eröffnete auch in der Kurpfalz neue Spielräume, die Friedrichs Nachfolger Ottheinrich zu nutzen wusste.

Bleibende Bedeutung hatte Friedrich II. für die Universität Heidelberg. Er förderte reformationswillige Professoren und versorgte prominente evangelische Glaubensflüchtlinge mit Stellen. Die Universität wurde vom Kurfürsten auf eine neue finanzielle Basis gestellt. Noch immer herrschte das mittelalterliche System, wonach die einzelnen Lehrstühle aus Pfründeneinkünften finanziert wurden. Friedrich stellte die Besoldung auf ein Bargehalt um. Zugleich wurden die finanziellen Zuschüsse erhöht, indem vom Papst die Erlaubnis eingeholt wurde, pfälzische Klöster aufzulösen und die Einnahmen teilweise für die Universität zu verwenden. Wenn der Papst einer solchen Regelung zustimmte, dann in der Hoffnung auf Entgegenkommen bei der Bewahrung altkirchlicher Strukturen. Im Zuge dieser Maßnahmen wurden St. Lambrecht bei Neustadt (Dominikanerinnen), Münsterdreisen (Prämonstratenser), Weidas und Daimbach (Zisterzienserinnen), das Antoniterhaus in Alzey und St. Philipp zu Zell (Kollegiatstift) an die Universität gegeben. Für 60 arme, aber begabte Studenten gründete Friedrich das Sapienzkolleg (Collegium Sapientiae). Zur Finanzierung wurden die Klöster Graufthal (Benediktinerinnen), Lixheim (Benediktiner) und die Augustinereremitenklöster in Heidelberg und Alzey verwendet. Das Collegium zog in das Gebäude des Heidelberger Augustinerklosters. Seit 1561 wurden nur noch Theologiestudenten aufgenommen, wodurch es zu einer wichtigen Pflanzstätte reformierter Geistlicher in der Kurpfalz wurde. Auch die Gründung des Pädagogiums als Vorstudienanstalt zum Erwerb von Kenntnissen in Latein und Griechisch geht auf Friedrich II. zurück, der in Kirche und Universität die Basis für die Reformation legte, die jedoch erst sein Nachfolger ins Werk setzte.

Zwischen Luthertum und Calvinismus: Die Reformation in der Kurpfalz

Friedrich II. führte die Kurpfalz bis an die Schwelle der Reformation, ohne jedoch den entscheidenden Schritt zu tun. Auf den Anlauf von 1545/46 folgte im Gegenteil unter dem Zwang der Verhältnisse der Rückfall in einen ungeklärten vorreformatorischen Zustand, der durch die Einführung des Interims in ein kirchliches Chaos überzugehen drohte. Die Rechtsgrundlage für die Schaffung klarer Verhältnisse bot der im September 1555 vereinbarte Augsburger Religionsfrieden. Friedrichs Politik während des Augsburger Reichstags, sein Eintreten für das Zustandekommen des Religionsfriedens und für die Freistellung des Übertritts zum evangelischen Bekenntnis sprechen dafür, dass er die reichsrechtlichen Voraussetzungen zu schaffen versuchte, um in seinem Territorium nach dem Ende des Reichstags die Reformation einzuführen; seine Krankheit und sein Tod im Februar 1556 verhinderten dies. So blieb es Ottheinrich vorbehalten, die für die weitere kurpfälzische Geschichte folgenschwere Konfessionsentscheidung zu treffen.

Augsburger Religionsfrieden und territoriale Reformationen

Die Entscheidung über Einführung oder Nichteinführung der Reformation lag in den Territorien des 16. Jahrhunderts letztlich beim Landesherrn. Nach fürstlichem Selbstverständnis erstreckte sich die Verantwortlichkeit des Herrschers für die Wohlfahrt der

Untertanen auf Leib und Seele. Je stärker sich im Verlauf des 16. Jahrhunderts die Konfessionen gegeneinander abgrenzten, je stärker konfessionell geprägte Vorstellungen und Wertmaßstäbe in Kirche und Politik, Gesellschaft und Kultur verbindlich wurden, desto unerträglicher erschien ein Zustand der konfessionellen Offenheit und Unordnung, wie er in der Kurpfalz noch beim Tod Friedrichs II. herrschte. Zwar war die Auffassung, dass Glaubensfragen individuelle, von jedem für sich selbst zu entscheidende Gewissensfragen seien und dass Glaubenszwang nicht ausgeübt werden dürfe, auch dem 16. Jahrhundert nicht fremd, doch der Verlauf der Reformationsgeschichte rückte das Reformationsrecht der Landesherren in den Vordergrund. Den Fürsten blieb es überlassen, inwieweit sie den Willen der Untertanen bei der Entscheidung für oder gegen die Reformation berücksichtigten. Der Augsburger Religionsfrieden erhob das Reformationsrecht der Landesherren zum Strukturprinzip der Friedensordnung im Reich. Der Inhaber der Herrschaftsgewalt bestimmte die Konfession des Landes - die folgende Generation prägte hierfür die Formel »cuius regio eius religio«. Die Gewissen der Untertanen wurden durch ein Auswanderungsrecht nur unzureichend gegen den obrigkeitlichen Glaubenszwang geschützt.

Der **Augsburger Religionsfrieden** vom 25. September 1555 war ein politischer, dauerhafter Frieden zwischen den Konfessionen. Der Frieden galt für Katholiken und Lutheraner, Augsburgische Konfessionsverwandte in der Terminologie des Religionsfriedens, alle anderen waren ausgeschlossen. Die Konfessionswahl lag bei den Reichsständen, was durch den Geistlichen Vorbehalt allerdings auf die weltlichen Fürsten eingeschränkt wurde, denn Bischöfe und Fürstäbte durften zwar für ihre Person zum Augsburgischen Bekenntnis übertreten, verloren aber Amt, Einkünfte, Lehen und Herrschaftsrechte. Die Evangelischen bekämpften diese Bestimmung vergeblich, erhielten als Kompensation aber eine Nebenerklärung des Königs (Declaratio Ferdinandea), die den evangelischen Bekenntnisstand der landsässigen Ritterschaft und Städte in geistlichen Fürstentümern garantierte. In den 1555 konfessionell gemischten Reichsstädten wurde beiden Konfessionen die bisherige Religionsübung garantiert – die Stadträte erhielten also kein Reformationsrecht analog zu den Landesherren im Unterschied zur Reichsritterschaft, der die Konfessionswahl für ihre Zwergterritorien freigestellt wurde. Das von evangelischen Ständen vor 1552 eingezogene Kirchengut verblieb in ihrem Besitz.

Die Kurpfalz war das letzte große weltliche Territorium des Reichs, das zur Reformation überging. Zwar ist die Reformationsgeschichte in den einzelnen landesherrlichen Territorien sehr unterschiedlich verlaufen, doch lässt sich ein Idealtyp des Ablaufs rekonstruieren: Kern der reformatorischen Umgestaltung war die Unterdrückung der Messfeier und ihre Ersetzung durch evangelischen Predigtgottesdienst in deutscher Sprache, bei dem die neue Lehre von den Kanzeln verkündet wurde. Das Abendmahl wurde künftig auf evangelische Weise unter beiderlei Gestalt ausgeteilt, die Kirchenräume in vielen Fällen umgestaltet, indem Heiligenbilder und -skulpturen entfernt wurden. Vorbereitet wurde die Reformation häufig durch eine vom Landesherrn angeordnete Visitation, mit der die nach evangelischer Auffassung zu behebenden Missstände ermittelt werden sollten. Der reformationsunwillige Teil der Pfarrerschaft wurde ausgetauscht, die Verheiratung der Geistlichen erlaubt, das Konkubinat streng verboten. Mönche und Nonnen wurden entweder zum Verlassen ihrer Konvente gezwungen oder auf den Aussterbeetat gesetzt. Die

Verbindung mit der bisherigen kirchlichen Hierarchie vom Diözesanbischof bis zum Papst wurde abgebrochen, der Landesherr selbst trat als Notbischof in die Lücke. Er ordnete die kirchlichen Verhältnisse seines Territoriums in einer Kirchenordnung, die der Tatsache Rechnung tragen musste, dass dem Territorialstaat mit der Säkularisierung von Kloster- und Kirchengut nicht nur Vermögenswerte, sondern auch neue Aufgaben und Pflichten zufielen, etwa die Sorge für Schule, Bildung, Armen- und Krankenwesen, die bisher zu einem erheblichen Teil von der Kirche getragen worden waren. In der Reformation Ottheinrichs lassen sich die genannten Elemente nahezu vollständig wiederfinden.

Ottheinrich und die Reformation in der Kurpfalz

Ottheinrich gehört zu den bekanntesten und populärsten Kurfürsten von der Pfalz, obwohl er nur drei Jahre amtierte (1556-1559). Sein Ruf als lebensfroher Musenfreund mit hohem Kunstsinn, wie er sich im Ottheinrichsbau des Heidelberger Schlosses, aber auch in seiner Sammelleidenschaft für Gemälde und Teppiche, Skulpturen, Münzen und Bücher widerspiegelt, trägt viel dazu bei. Über tiefere Bildung verfügte er nicht; er konnte kein Latein, und an den Büchern liebte er offensichtlich eher den prachtvollen Einband als den gelehrten Inhalt. Er förderte bildende Künstler und zeichnete selbst, unterhielt eine vorzügliche Kapelle und hatte eine Vorliebe für Astrologie. Mit seinem Kunstsinn ging freilich auch eine seiner großen Schwächen einher: die notorische Unfähigkeit, mit Geld umzugehen. Ottheinrichs Popularität beruht zum andern auf seiner auffallenden Physiognomie. Sein Leben lang war er schwergewichtig, im Alter gesteigert bis zur fast vollständigen Bewegungsunfähigkeit, so dass er in einer von Kaltblütern getragenen Sänfte transportiert werden musste (Abb. 10). Die begleitenden Beschwerden haben ihn zeit seines Lebens geplagt. Schon als junger Mann musste er sich gegen Rheuma und Wassersucht behandeln lassen. Schließlich verbinden sich mit Ottheinrichs Namen wichtige Einschnitte, die zu seiner Bekanntheit ebenfalls beigetragen haben: die Einführung der Reformation in der Kurpfalz, die Reformierung der Universität und das Aussterben der älteren Kurfürstenlinie, deren letzter Vertreter er war (siehe Stammtafel 1b, S. 202).

Mit seinem Bruder Philipp wuchs Ottheinrich ohne Eltern auf. Nachdem er in der Erbfolge hinter seinem Onkel Friedrich plaziert worden war, führte er ein Leben in Wartestellung als Kleinfürst in Pfalz-Neuburg, der mit einem äußerst bescheidenen Budget auskommen musste, das zur Deckung seines aufwendigen Lebensstils nicht annähernd ausreichte. Dass sich sein Erbanspruch eines Tages erfüllen würde, war eher unwahrscheinlich, da er nur zum Zuge kam, wenn Ludwig V. und Friedrich II. kinderlos sterben würden. Sein Wahlspruch »Mit der Zeit« bewährte sich nach Jahrzehnten des Wartens im Jahr 1556. Sein Motto enthielt jedoch auch den Anspruch, auf der Höhe der Zeit zu stehen, etwa in der Mode, in seinen künstlerischen Liebhabereien, bei Jagden, Turnieren und Festen. Er unternahm, wie viele

Abb. 10: Kurfürst Ottheinrich (1556–1559) in Sänfte

Zeitgenossen, eine Pilgerfahrt nach Jerusalem. 1529 heiratete er Susanna, eine Schwester der Bayernherzöge, mit der er bis zu ihrem Tod glücklich, aber kinderlos verheiratet blieb. Er führte über viele Jahre ein Tagebuch, das mit erstaunlicher Eintönigkeit vor allem Belanglosigkeiten festhielt. Immerhin läßt es erkennen, dass seine geistigen Interessen offenbar erst im fortgeschrittenen Alter erwachten.

1542 bekannte sich Ottheinrich zum Luthertum und führte in seinem Fürstentum Pfalz-Neuburg die Reformation ein. In den Anfangsjahren hatte er die Evangelischen nach bayerischem Muster noch streng verfolgt. Über seine Gründe für den Glaubenswechsel weiß man wie so oft nichts Genaues, doch scheidet Opportunismus als Motiv sicher aus angesichts der schwierigen Situation, in die ihn seine Entscheidung gegenüber dem bayerischen Nachbarn brachte, der ihn vom reformatorischen Weg abzubringen versuchte. Einmal für die Reformation gewonnen, hielt er für den Rest seines Lebens unbeirrt und leidenschaftlich am lutherischen Glauben fest. Die Krise seiner Regierung in Pfalz-Neuburg resultierte nicht aus seiner Religionspolitik, sondern aus seinen desolaten Finanzen. Nicht nur Ottheinrich, auch sein Bruder Philipp lebte jahrelang über seine Verhältnisse; er bestand 1536 sogar auf einer Teilung des ohnehin nicht großen Territoriums. Als Philipp finanziell am Ende war, musste Ottheinrich auch seine Schulden übernehmen, was ihn endgültig in den Bankrott führte. 1544 kam es zu einer in der deutschen Geschichte wohl einmaligen Situation, dass ein Fürst wegen Verschuldung seine gesamte Habe verkaufen und sein Land an die Landstände übergeben musste, die unter der Bedingung, dass Ottheinrich sich für drei Jahre von den Regierungsgeschäften fernhielt, die Schulden übernahmen. Er wurde kaltgestellt mit einer kleinen Rente, die er im Heidelberger Exil verzehrte. Von 1545 bis 1547 bewohnte er ein Haus am Kornmarkt. Hier wartete er vor der Haustür des Kurfürsten auf dessen Tod und drängte ihn zu einer entschiedeneren evangelischen Politik. Das Verhältnis war entsprechend schlecht. Friedrich II. schob ihn schließlich nach Weinheim ab, wo Ottheinrich den Schmalkaldischen Krieg und das Interim erlebte und nichts dagegen tun konnte, als die Junge Pfalz besetzt und gewaltsam rekatholisiert wurde. Erst 1552, nach acht statt drei Jahren, erhielt er sein Land zurück und stellte die evangelische Ordnung wieder her.

Deshalb war es nicht überraschend, dass Ottheinrich, als er Anfang 1556 in Heidelberg die Herrschaft antrat, die reformatorische Umgestaltung der Kurpfalz sofort ins Werk setzte. Im entscheidenden Religionsmandat von April 1556 aus Alzey wurden die Amtleute angewiesen, die Messe und die Austeilung des Abendmahls unter nur einer Gestalt zu verbieten. Ausstellen und Umtragen des Sakraments hatten ebenso zu unterbleiben wie die Weihe von Gegenständen und andere abergläubische Praktiken. Fast gleichzeitig mit dem Religionsmandat wurde eine Kirchenordnung erlassen, die sich am württembergischen Vorbild orientierte. Eine überragende Reformatorengestalt gab es in der Kurpfalz nicht. Ottheinrich hat sich vergeblich um Melanchthon oder Johannes Brenz bemüht, musste aber mit Johannes Marbach aus Straßburg Vorlieb nehmen. Dieser führte noch 1556 eine Visitation durch, die die Missstände im kurpfälzischen Kirchenwesen offenlegte. Die Heidelberger Pfarrer etwa wurden als ungebildet, arm und wenig grundsatztreu geschildert.

Nach dem Muster seiner Regelung für Pfalz-Neuburg ordnete Ottheinrich das **Pfälzer Kirchenwesen** neu. Ein Generalsuperintendent erhielt die geistliche Leitung, die Spitze der Kirchenverwaltung bildete ein Kirchenrat, das Land wurde in mehrere kirchliche Sprengel unter Spezialsuperintendenten aufgeteilt. Gegenüber religiösen Abweichlern verhielt sich Ottheinrich maßvoll, sofern sie keine Katholiken waren. Er veranstaltete in Pfeddersheim ein Religionsgespräch zwischen seinen Theologen und Täuferführern; später wurden die Täufer zwar verboten, blieben aber unbehelligt, wenn sie nicht die Ordnung des Landes durch Missionstätigkeit störten.

1557 erging ein Mandat, in dem der Kurfürst die Abschaffung von Bildern und Altären befahl. In Heidelberg kam es zu Aktionen, die mit »Bildersturm« wohl etwas übertrieben bezeichnet wären. Zwei Jahre zuvor hatte Ottheinrich auch in Pfalz-Neuburg die Entfernung anstößiger Bilder, den Abbruch der Altäre bis auf einen und die Beseitigung der Feldkapellen angeordnet. Jetzt ließ er sich in einer Sänfte zur Heiliggeistkirche tragen und half mit, sie von Devotionalien zu säubern, wobei er darauf achtete, möglicht wenig Aufsehen zu erregen. Die Klöster blieben bis auf wenige Ausnahmen unbehelligt. Aufgelöst wurden aber Lorsch und Schönau sowie das Heidelberger Heiliggeiststift, an dem die Professoren bepfründet waren. Auf Lorsch hatte Ottheinrich vor allem wegen der großen Bibliothek mit ihrem Schatz an Manuskripten und Drucken ein Auge geworfen. Die Lorscher wurde mit der kurfürstlichen Bibliothek vereinigt und bildete die Basis für die Bibliotheca Palatina, die auf den Emporen der Heiliggeistkirche aufgestellt und in den folgenden Jahrzehnten von vielen Gelehrten benutzt wurde. Seine Nachfolger verpflichtete Ottheinrich testamentarisch, zu jeder Frankfurter Messe für 50 Gulden neue Bücher anzukaufen. Im Falle der Vernachlässigung dieser Pflicht sollte das Legat an die Universität Heidelberg übergehen, wenn auch diese die Bibliothek vernachlässigte, an die Universität Tübingen.

Ottheinrich reformierte auch die Universität. Diese sträubte sich zunächst, indem sie mit Matthias Keuler Ende 1556 einen dezidiert altgläubigen Rektor wählte, doch der Kurfürst verhinderte, dass er sein Amt antrat. 1558 erhielt die Universität mit Billigung Melanchthons neue Statuten und wurde in eine evangelische Hochschule umgewandelt. Die Lehrstühle und ihre Besoldung wurden neu geregelt, viele auch neu besetzt. Die Artistenfakultät wurde nach humanistischen Grundsätzen umgestaltet und aufgewertet zu einer den drei oberen Fakultäten gleichberechtigten vierten Fakultät. Die theologischen Professoren wurden auf das Augsburger Bekenntnis und Melanchthons Apologie verpflichtet. Bei grundsätzlichem Festhalten am Luthertum bewahrte Ottheinrich jedoch eine Offenheit für das gesamte protestantische Spektrum. Auch herausragende ausländische Gelehrte wie der Theologe Pierre Boquin aus dem französischen Bourges oder der Schweizer Mediziner Thomas Erastus erhielten einen Platz in Heidelberg.

Ottheinrichs Reichspolitik

So wie Ottheinrich im eigenen Territorium die Reformation konsequent durchsetzte, betrieb er im Reich eine kompromisslose Politik im protestantischen Interesse. Dies bedeutete den Bruch mit der vermittelnden und auf Ausgleich bedachten Politik seiner beiden Vorgänger. Den Augsburger Religionsfrieden versuchte der Kurfürst zu revidieren, weil er die evangelische Seite zu sehr einschränkte. Während die meisten evangelischen Fürsten sich nach 1555 in der Bikonfessionalität des Reiches einrichteten, trat Ottheinrich für die allgemeine Freistellung ein, wobei er das Recht der Konfessionswahl auf geistliche Fürsten und sogar auf die Untertanen ausgedehnt sehen wollte. Vor allem die Beseitigung des Geistlichen Vorbehalts hätte in der Territorialsituation Südwestdeutschlands für die Kurpfalz Perspektiven eröffnet, etwa im Blick auf die Hochstifte Worms und Speyer. Ottheinrich konnte mit dem Status quo aus territorial- und konfessionspolitischen Gründen nicht zufrieden sein. Sein Ziel blieb die religiöse Einheit der Reichsstände, allerdings unter evangelischen Vorzeichen, denn eine Entscheidung gegen den wahren evangelischen Glauben war bei ihm nicht vorgesehen. Dafür war der Kurfürst bereit, auch politische Druckmittel wie die Verweigerung der Türkenhilfe einzusetzen. Typisch für seine Haltung waren die 1558 geführten Verhandlungen über die Einlösung der Reichsvogtei Hagenau, die die Pfalz zwischenzeitlich als Pfand hatte wiedergewinnen können. Kaiser Ferdinand I. war bereit, das Pfand bei der Pfalz zu belassen, wenn Ottheinrich dort auf die Einführung der Reformation verzichtete. Für den Kurfürsten war dies inakzeptabel; lieber gab er diese wichtige Pfandschaft auf.

Zur Durchsetzung seiner konfessionspolitischen Ziele musste Ottheinrich bemüht sein, eine geschlossene Front der Evangelischen gegenüber Kaiser und katholischen Ständen herzustellen. Es ging ihm um die politische ebenso wie um die theologische Einheit, die in den zunehmenden innerevangelischen Lehrdifferenzen verloren zu gehen drohte. Die Kurpfalz wurde so zur Gegenspielerin Kursachsens, das selbst die Führungsrolle im evangelischen Lager beanspruchte, aber am Status quo von 1555 nicht rütteln wollte. Auch die antihabsburgische Politik Ottheinrichs fand nicht die Unterstützung der Kurfürsten von Sachsen und Brandenburg. Diese Konstellation war nicht auf die kurze Regierungszeit Ottheinrichs beschränkt, sondern bestimmte die Reichspolitik auch in den folgenden Jahrzehnten. Ungeachtet seiner kurzen Regierungszeit von nur drei Jahren und der nach seinem Tod veränderten konfessionellen Situation in der Kurpfalz hat Ottheinrich viele Weichen gestellt und der Politik seiner Nachfolger bis zum Dreißigjährigen Krieg die Richtung gewiesen.

Friedrich III. und der Übergang zum Calvinismus

Mit Ottheinrich starb die ältere Linie der pfälzischen Wittelsbacher aus (siehe Stammtafel 1b, S. 202). In der Kurpfalz kam mit dem Pfalzgrafen Friedrich (Abb. 11), als Kurfürst Friedrich III. (1559-1576), die Linie Pfalz-Simmern zur Herrschaft (siehe Stammtafel 3, S. 204). Der Fortbestand des Pfalz-Neuburger Territoriums wurde gesichert durch den von Ottheinrich selbst in einem Schenkungsvertrag von November 1554 vorbereiteten und 1556 testamentarisch bestätigten Übergang der Herrschaft an den Pfalzgrafen Wolfgang von Zweibrücken (siehe Stammtafel 2,

Abb. 11: Kurfürst Friedrich III. (1559–1576)

S. 203). Der Kaiser, die Neuburger Landstände und die Pfälzer Agnaten stimmten dieser Regelung zu. Der Fortbestand des Luthertums schien damit 1559 sowohl in Kurpfalz als auch in Pfalz-Neuburg gesichert, denn Pfalzgraf Wolfgang wie Friedrich III. galten als Anhänger des Augsburger Bekenntnisses.

Friedrich III. war bei seinem Regierungsantritt bereits 45 Jahre alt und hatte sich, obwohl er aus einer streng altgläubigen Familie kam und an den Höfen von Nancy, Lüttich und Brüssel erzogen worden war, 1546 der Reformation zugewandt. Die Persönlichkeit Friedrichs, der später den Beinamen »der Fromme« erhielt, gibt Rätsel auf. Er war zweifellos religiös, las eifrig in der Bibel und verfügte gemäß seiner Devise »Herr, nach deinem Willen« über großes Gottvertrauen. Er befasste sich mit theologischen Fragen und beglückte seine fürstlichen Kollegen mit umfangreichen theologischen Memoranden. Wie weit seine Selbständigkeit tatsächlich ging, ist jedoch zweifelhaft, und eine starke Abhängigkeit von Beratern ist nicht ausgeschlossen. In seinem Kanzler Christoph Ehem und im Präsidenten des Kirchenrats Wenzel Zuleger hatte er wichtige und einflussreiche Vertraute. Gegen, wie er selbst sagte, die unruhigen Köpfe der Theologen, die sich am liebsten über Spitzfindigkeiten stritten, hegte der Kurfürst allerdings großes Misstrauen. Deshalb verließ er sich in theologischen Fragen am liebsten auf seine eigenen religiösen Überzeugungen, die die eines frommen, aber einfältigen Laien waren, der sich als Fürst unmittelbar für das Seelenheil seiner Untertanen verantwortlich fühlte.

Als Friedrich III. 1559 zur Herrschaft kam, galt er als Lutheraner, wenngleich beeinflusst von der vermittelnden Theologie Melanchthons. Die Reformation im Reich war bis zu diesem Zeitpunkt lutherisch geprägt gewesen und von reformierter Theologie lediglich gestreift worden. Erst die zweite Hälfte des 16. Jahrhunderts erlebte einen Siegeszug des Calvinismus durch Europa, der im Reich aber immer ein Randphänomen blieb.

Das Reformiertentum erreichte in Gestalt des **Calvinismus** in der zweiten Hälfte des 16. Jahrhunderts in Frankreich, Schottland, England, den Niederlanden, in Ungarn, Polen, Litauen, der Schweiz und in Italien einen erheblichen Teil der Bevölkerung, wurde aber lediglich in Schottland und in den nördlichen Niederlanden zur Mehrheitskonfession. Mit einem umstrittenen Begriff wird dieser Prozess als »zweite Reformation« bezeichnet und von der ersten, lutherischen, unterschieden. Umstritten ist der Begriff nicht zuletzt, weil er eine Unvollständigkeit der lutherisch geprägten Reformation zu implizieren scheint. Im Reich ging eine Reihe kleinerer Herrschaften nach der Mitte des 16. Jahrhunderts zum Calvinismus über. Dazu zählten Grafschaften wie Ostfriesland, Bentheim, Lippe, Sayn, Nassau-Dillenburg, Wittgenstein und andere; später folgten Territorien wie Anhalt und Hessen-Kassel. Die Kurpfalz war das einzige reformierte Großterritorium und blieb bis zum Ende des Alten Reiches der wichtigste Stützpunkt des Reformiertentums in Deutschland.

Bei der Hinwendung des Kurfürsten Friedrich zu einer Theologie reformierter Prägung scheint der Heidelberger Abendmahlsstreit von 1559/60 eine Rolle gespielt zu haben. Er wurde zwischen dem lutherischen Superintendenten Tileman Heshusius und dem zwinglianischen Diakon an der Heiliggeistkirche Wilhelm Klebitz ausgetragen und eskalierte derart, dass sich die Anhänger beider Seiten auf dem Marktplatz eine Prügelei lieferten. Friedrich III. hat die beiden Hauptkontrahenten entlassen, den Fall aber Melanchthon in Wittenberg vorgelegt, der in einem Gutachten einen vermittelnden Standpunkt einnahm und in der strittigen Frage der Gegenwart Christi im Sakrament von der Teilhabe (consociatio) am Leib Christi sprach. Diese Formulierung übernahm Friedrich III. als dogmatische Grundlage der pfälzischen Kirche, die seit 1561 Schritt für Schritt in einem reformierten Sinne umgestaltet wurde. 1561 wurde auf Befehl des Kurfürsten der Abendmahlsritus geändert und das Brotbrechen eingeführt, was das reformierte Abendmahlsverständnis nach außen sichtbar demonstrierte. 1563 wurde der Heidelberger Katechismus veröffentlicht, als dessen Hauptverfasser der kurz zuvor von Zürich nach Heidelberg berufene Zacharias Ursinus gilt, der ein Schüler Melanchthons und Calvins war und neben der Leitung des Sapienzkollegs eine Professur für Dogmatik an der Universität innehatte. Mitverfasser war der Hofprediger Kaspar Olevian; der Anteil des Kurfürsten selbst und anderer Heidelberger Theologen ist umstritten.

Der **Heidelberger Katechismus** enthält die Summe der reformierten Theologie kurpfälzischer Prägung, die Impulse nicht nur aus Genf, sondern vor allem auch von Melanchthon erhielt. Für die Eigenständigkeit der Pfälzer gegenüber der Genfer Tradition spricht zum Beispiel das Fehlen einer Prädestinationslehre. Die 129 Fragen und Antworten des Katechismus sind in drei große Abschnitte gegliedert, die »Von des Menschen Elend« (Sündenbewusstsein), »Von des Menschen Erlösung« und »Von der Dankbarkeit« (für die Erlösung) handeln. Bekannt ist die Antwort zur 80. Frage, in der die päpstliche Messe als »vermaledeite Abgötterei« bezeichnet wird. Brot und Wein im Abendmahl sind sichtbare Zeichen oder göttliche Wahrzeichen, nicht der Leib Christi selbst (Antwort 78). 1618/19 fand der Heidelberger Katechismus auf der Dordrechter Synode internationale Anerkennung als Bekenntnisschrift des Reformiertentums.

1563 folgte eine Kirchenordnung, die die Ordnung Ottheinrichs überarbeitete. Ihr calvinistischer Charakter kam vor allem in zwei Punkten zum Ausdruck: in der Kirchenzucht, die von einem aus der Gemeinde gewählten Gremium ehrbarer Männer geübt werden sollte, und im Amt der Almosenpfleger, die ebenfalls aus der Gemeinde gewählt wurden. 1570 wurden in den Gemeinden Presbyterien gewählt, deren Aufgabe es war, den Lebenswandel der Gemeinde zu überwachen, aber auch die Pfarrer zu kontrollieren. Diese wurden in Klassikalkonvente zusammengefasst, die einmal im Monat zusammenkamen, um die Bibel auszulegen und theologische Fragen zu erörtern, die aber auch der gegenseitigen Sittenkontrolle dienten. Als kirchenleitendes Gremium wurde 1564 ein Kirchenrat errichtet, der aus drei Theologen und drei weltlichen Mitgliedern bestand, die alle vom Kurfürsten bestimmt wurden. In seiner Kompetenz lag die Aufsicht über Kirche, Schule und Universität.

Dies zeigt die Problematik der Kirchenorganisation in der Kurpfalz. Im Calvinismus Genfer Prägung stand eigentlich die sich selbst leitende Gemeinde im Mittelpunkt, die ihre Lehrer, Ältesten, Pfarrer und Diakone berief und die Kirchenzucht ausübte. Dieses Idealbild, wie es außer in Genf auch in den Hugenottengemeinden in Frankreich teilweise verwirklicht wurde, ließ sich auf ein Territorium wie die Kurpfalz nicht ohne weiteres übertragen, weil der Landesherr in seiner kirchenleitenden Funktion zu berücksichtigen war. Deshalb hat sich in der Kurpfalz eine Mischform ausgebildet, die einen Kompromiss darstellte zwischen presbyterial-synodaler Organisation »von unten« und dem Anspruch des Landesherrn, der im Kirchenrat institutionalisiert wurde.

Dieser Kompromiss stieß aber nicht nur auf Zustimmung, vor allem nicht bei den radikalen Calvinisten. Der Konflikt entlud sich 1570 in einem Kirchenzuchtstreit, in dem die Frage im Mittelpunkt stand, ob die Ausübung der Kirchenzucht, das heißt die Disziplinierung von Geistlichen und Gemeindegliedern, eine Aufgabe ausschließlich der Gemeinde oder auch des Landesherrn sein sollte. Nach dem Genfer Modell handelte es sich um eine reine Gemeindeangelegenheit, und so wollten es die calvinistischen Disziplinisten auch in der Kurpfalz geordnet sehen, während die eher von zwinglianischen Auffassungen geprägten Antidisziplinisten darin ein Hoheitsrecht des Staates sahen. Auf dieser Seite stand der Theologe und Leibarzt des Kurfürsten Thomas Erastus. Friedrich III. selbst hielt es mit den Disziplinisten, behielt sich in Kirchenzuchtfragen die letzte Entscheidung allerdings vor, was die Gemeindeautonomie an entscheidender Stelle doch wieder aufhob.

Thomas Erastus (eigentlich Liebler) (1524–1583) wirkte seit 1558 als Mediziner an der Universität. Im Anschluss an seine staatskirchliche Argumentation während des Kirchenzuchtstreits bezeichnete man später die Lehre vom Primat des Staates über die Kirche als **Erastianismus**, der im England des 17. Jahrhunderts bei der Rechtfertigung der englischen Staatskirche eine wichtige Rolle spielte.

Auch die pfälzische Kirche stand demnach unter dem Kirchenregiment des Landesherrn. Friedrich III. hat ihre Umgestaltung konsequent vorangetrieben. Die Kirchenräume wurden purifiziert, Altäre, Bilder, Statuen, Kruzifixe, Sakramentshäuschen, liturgische Gewänder und Gefäße verschwanden und wurden durch einen einfachen Tisch und schlichtes Abendmahlsgerät ersetzt; wieviel hier noch zu tun übrig blieb, belegt zugleich, wie gemäßigt der »Bildersturm« unter Ottheinrich gewesen sein muss. Die Klöster wurden aufgelöst, wo sie noch bestanden, insgesamt wohl an die vierzig. Wenn Mönche und Nonnen sich weigerten, entfernte man sie mit physischer Gewalt aus den Konventen. Die

Kirchengüter wurden eingezogen, wobei allerdings darauf geachtet wurde, dass sie nicht für profane Zwecke entfremdet wurden. Friedrich III. hat seine Maßnahmen rigoros auch dort durchgesetzt, wo die Kurpfalz sich die Herrschaft mit anderen Obrigkeiten teilte, etwa in Ladenburg, Neuhausen bei Worms und Sinsheim. Für dabei vorgekommene Gewaltaktionen musste er sich auf dem Reichstag von 1566 verantworten. Um nicht in den Verdacht zu geraten, der kurpfälzische Calvinismus begünstige Häresie, ging er gegen Johannes Sylvanus und Adam Neuser vor, die Kritik an der Trinitätslehre geäußert hatten. Während Neuser, Prediger an Heiliggeist, nach Konstantinopel fliehen konnte und zum Islam konvertierte, wurde Sylvanus im Dezember 1572 auf dem Heidelberger Marktplatz öffentlich enthauptet.

Die Umformung Friedrichs III. erstreckte sich auch auf die Universität, die jetzt zu einem »deutschen« oder »dritten Genf« (neben Leiden) gemacht wurde. Der Kurfürst berief vor allem an die Theologische Fakultät namhafte reformierte Gelehrte aus dem Ausland, so die Italiener Girolamo Zanchi und Emanuele Tremellio. Beim Tod Friedrichs III. waren von allen Heidelberger Professoren nur zwei gebürtige Pfälzer. Die Verfasser des Heidelberger Katechismus, Ursinus und Olevian, sind zu den bedeutendsten Vertretern des Reformiertentums in Deutschland zu rechnen. Heidelberg wurde nicht nur durch seine Professoren zu einem Zentrum des reformierten Protestantismus für ganz Europa, sondern hat in erheblicher Zahl auch Studenten aus dem Ausland, vor allem Niederländer, Franzosen und Schweizer, angezogen. Unter Friedrich II. hatte der Anteil ausländischer Studenten bei ungefähr 6 Prozent der Neuimmatrikulierten gelegen, unter Ottheinrich schon bei 12 Prozent. Unter Friedrich III. stiegen die Zahlen auf 26 Prozent im Jahr 1562, 40 Prozent im Jahr 1563 und 54 Prozent im Jahr 1564. Diese Zahlen belegen die Anziehungskraft der Heidelberger Universität auf das europäische Reformiertentum und sind Ausdruck eines reformierten Internationalismus, der die engen kurpfälzischen Territorialgrenzen weit überstieg. Was die Kurpfalz durch ihre konfessionell isolierte Stellung im Reich verlor, gewann sie in Europa hinzu.

In der Bevölkerung gab es erhebliche Widerstände gegen die Politik der Calvinisierung des Landes. Viele blieben dem Luthertum treu, so auch die Kraichgauer Ritterschaft, die in der Verwaltung und im Rat der Kurpfalz traditionell eine wichtige Rolle spielte. Dennoch hat sich der Calvinismus in der Pfalz dank einer kompromisslosen Politik des Kurfürsten allmählich durchgesetzt, allerdings nicht in der Oberpfalz, wo alle entsprechenden Versuche scheiterten. Dies lag zum einen daran, dass die dortigen Landstände die Politik des Kurfürsten nicht mittrugen, zum anderen am dortigen Statthalter, Friedrichs Sohn Ludwig, der an seinem Luthertum festhielt.

Die Unions- und Westeuropapolitik Friedrichs III.

Friedrich III. bemühte sich in der Tradition Ottheinrichs um die Revision des Religionsfriedens, um dem Protestantismus neue Spielräume zu verschaffen, und ebenso um eine Union aller Evangelischen im Reich; beides diente zugleich dem Ziel, die Kurpfalz aus der Isolation, in die sie durch den Übergang zum Calvinismus geraten war, herauszuführen. In Friedrichs Politik hatten konfessionelle Überlegungen den Vorrang vor politischen, wie es der politischen Theologie des Calvinismus entsprach. Er kämpfte im Reich gegen den Geistlichen Vorbehalt, forderte die Freistellung aller Untertanen und dachte sogar über die Möglichkeit eines evangelischen Kaisertums nach, ohne die Unterstützung der anderen Kurfürsten dafür zu erhalten. Wiederholt unternahm er Anläufe, die innerevangelischen theologischen Differenzen auszuräumen, wobei er offenbar der Meinung war, die Unterschiede seien gar nicht so groß und ein Minimalkonsens genüge.

Stärker als im Luthertum wurde in der **politischen Theologie des Calvinismus** die Pflicht der Obrigkeit betont, die Kirche und die wahre Lehre zu schützen. Die weltliche Gewalt wurde unmittelbar für die Reformation in Anspruch genommen. Daraus resultierte eine aktivere Rolle des Staates bei der Verbreitung der wahren Lehre und eine Tendenz, konfessionelle vor politische Interessen zu stellen. Damit einher ging die Lehre vom aktiven Widerstandsrecht. Widerstand gegen einen zum Tyrannen entarteten Herrscher war erlaubt, um unrechtmäßige Gewalt abzuwehren. Daraus resultierte im Falle der Kurpfalz eine offensive, antikatholische und antihabsburgische Politik im Reich, die die austarierte Ordnung des Religionsfriedens zu zerstören drohte. Da der Calvinismus ein europäisches Phänomen und im Reich nur eine Randerscheinung war, ging der Blick zugleich über die eigenen Landesgrenzen hinaus. Durch die Lage der Kurpfalz im Westen des Reiches und damit am Rande der großen Konfliktzone Spanien – Frankreich – Niederlande wurde die Internationalität der kurpfälzischen Politik zusätzlich gefördert.

Ein erhebliches reichsrechtliches Problem entstand für Friedrich aus dem Umstand, dass der Religionsfrieden außer Katholiken nur Augsburgische Konfessionsverwandte eingeschlossen hatte. Friedrichs Calvinisierungspolitik eröffnete der kaiserlich-katholischen Seite, aber auch den strengen Lutheranern die Möglichkeit, ihn des Verstoßes gegen den Religionsfrieden zu bezichtigen und seinen Ausschluss zu betreiben. Der Pfälzer bemühte sich deshalb, seine Übereinstimmung mit dem Augsburger Bekenntnis herauszustreichen und den calvinistischen Charakter seiner Reformen in der Kurpfalz abzustreiten. Dabei nutzte er den Umstand, dass im Religionsfrieden nicht ausdrücklich vom

Augsburger Bekenntnis von 1530 die Rede war und dass die von Melanchthon überarbeitete Fassung von 1540 eine Abendmahlsformel enthielt, die auch für die Reformierten akzeptabel war. Auf dem Reichstag von 1566 führten die Auseinandersetzungen um die Zugehörigkeit der Kurpfalz zu den Augsburgischen Konfessionsverwandten dazu, dass Kaiser Maximilian II. ihr den Schutz des Religionsfriedens tatsächlich zu entziehen versuchte. Die Lutheraner unter der Führung Kursachsens wollten die Kurpfalz im eigenen Interesse jedoch nicht opfern, obwohl man die Differenzen in der Abendmahlsfrage für nicht überbrückbar hielt. Friedrich III. selbst rettete sich aus der schwierigen Situation, indem er darauf bestand, dass seine Kirchenpolitik nicht calvinistisch sei und dass er selbst Calvins Bücher nie gelesen habe. Der kurpfälzische Calvinismus wollte offiziell keiner sein. Auch wenn für den Augenblick die politische Trennung der Kurpfalz von den lutherischen Ständen verhindert werden konnte, vergrößerte sich die Kluft zu den Lutheranern in der zweiten Jahrhunderthälfte immer weiter und nahmen die innerevangelischen Auseinandersetzungen an Schärfe zu.

Die internationale Dimension des Calvinismus zeigte sich vor allem in Friedrichs Westeuropapolitik, die man treffend als »Religionsaußenpolitik« bezeichnet hat. Friedrich vermutete eine spanisch-papistische Weltverschwörung gegen die Evangelischen, der er unermüdlich glaubte entgegentreten zu müssen. Er warb im Reich um Unterstützung für die Hugenotten und die verfolgten Niederländer. Er selbst setzte folgende Mittel ein, um den bedrängten Glaubensbrüdern zu helfen: Geld, Werbeerlaubnis in seinem Land, Aufnahme von Glaubensflüchtlingen, Propaganda und als letztes Mittel auch die direkte militärische Intervention. Die Hauptfelder seiner Politik waren Frankreich und die Niederlande. Nachdem Verhandlungen mit der französischen Krone nicht zu einer Beruhigung der Hugenottenkriege führten, griff er zu drastischeren Maßnahmen. 1567 brach sein Sohn Johann

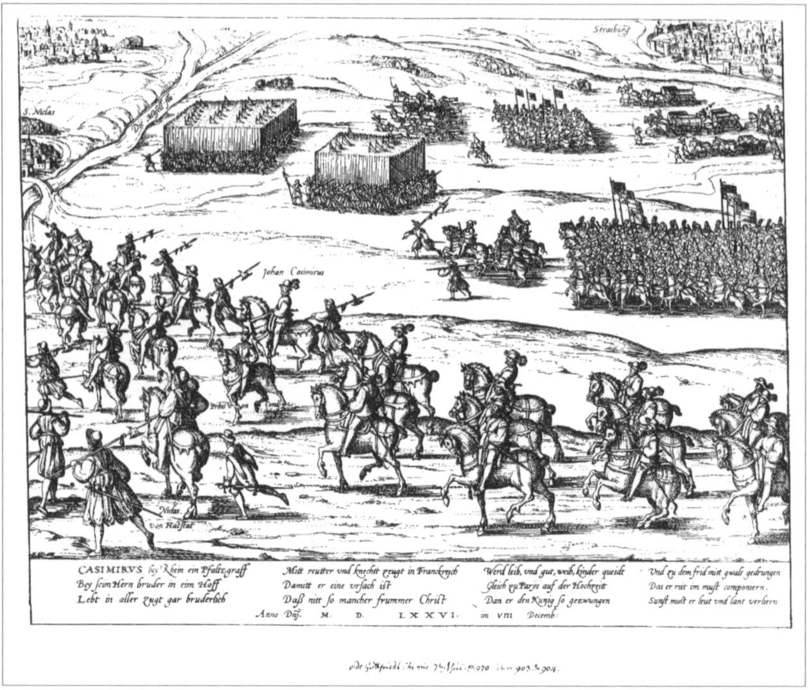

Abb. 12: Johann Casimirs Heerzug nach Frankreich

Casimir zur Unterstützung der Calvinisten mit Truppen nach Frankreich auf, kam jedoch nicht mehr zum Einsatz, weil inzwischen ein Frieden geschlossen worden war. 1575 zog Johann Casimir erneut nach Frankreich (Abb. 12), allerdings wieder ohne Erfolg. 1574 ging Friedrichs jüngster Sohn Christoph in die Niederlande, um den Aufständischen gegen Spanien zu helfen, wobei er ums Leben kam. Ein Bündnis mit Elizabeth von England gegen Spanien, das Friedrich gerne eingegangen wäre, stieß bei der Königin auf wenig Interesse. Insgesamt blieb Friedrichs Westeuropapolitik erfolglos. Weder ist es ihm gelungen, den Glaubensbrüdern entscheidend zu helfen, noch hat die Kurpfalz ihre isolierte Stellung überwinden können. Infolge der konfessionellen Orientierung der Kurpfalz lockerten sich jedoch die traditionellen Bindungen zu den Hochstiften Worms und Speyer, zur benachbarten Reichsritterschaft und den Reichsstädten.

Die ersten **Glaubensflüchtlinge** in der Kurpfalz waren Engländer, die vor der 1553 einsetzenden Rekatholisierung ihres Landes unter der Königin Maria flohen. Sie fanden in Heidelberg ein Asyl, kehrten nach Marias Tod 1558 aber wieder zurück. Im Unterschied zu den Engländern ließen sich die niederländischen und französischen Flüchtlinge der kommenden Jahre auf Dauer in der Kurpfalz nieder. Die älteste Flüchtlingsgemeinde war die in Frankenthal. 62 Familien, die meisten Flamen aus dem südwestlichen Flandern, zogen unter Führung ihres Predigers Petrus Dathenus über Frankfurt am Main nach Frankenthal, wo ihnen das säkularisierte Augustinerchorherrenstift Großfrankenthal als Unterkunft angewiesen wurde. Das Verhältnis zur Kurpfalz wurde am 13. Juni 1562 in einer Kapitulation geregelt, die zum Vorbild für die weiteren kurpfälzischen Ansiedlungsprivilegien wurde. Fast gleichzeitig entstanden weitere Exulantengemeinden in Schönau im Odenwald, in Heidelberg und 1567 in St. Lambrecht bei Neustadt. In Frankenthal, Schönau, Lambrecht und später auch Otterberg standen Gebäude, Kirche und Besitz eines ehemaligen Klosters zur Verfügung, die von den Flüchtlingen genutzt werden konnten.

Politik und Kultur in der Kurpfalz vor dem Dreißigjährigen Krieg

Die Verbindungen der Kurpfalz nach Westeuropa und die Stellung ihrer Universität als Zentrum des reformierten Protestantismus drohten nach dem Tod Friedrichs III. (1576) zur Episode zu werden, weil sein Sohn Ludwig (Abb. 13) am Luthertum festhielt. Auf der anderen Seite bot eine Rückkehr in den Kreis der lutherischen Reichsstände die Chance, im sicheren Schutz des Religionsfriedens eine neue politische Rolle zu suchen, die die Kräfte des Landes nicht überforderte. Um nicht im letzten Augenblick in Gewissenskonflikte zu geraten, vermied es Ludwig, seinen sterbenden Vater zu besuchen. Erst zur Beisetzung reiste er nach Heidelberg, wo er dafür sorgte, dass nicht der reformierte Hofprediger des Verstorbenen die Zeremonie vornahm, sondern sein eigener, aus der Oberpfalz mitgebrachter lutherischer Prediger. Der reformierten Predigt am folgenden Tag blieb der neue Kurfürst fern, so wie sein jüngerer Bruder Johann Casimir nicht zur lutherischen Trauerfeier gekommen war; der Konflikt zwischen den Brüdern brach noch am Sarg des Vaters aus. Schon ganz zu Beginn der Regierungszeit Ludwigs VI. (1576-1583) war somit deutlich, dass mit der calvinistischen Vergangenheit der Kurpfalz innen- wie außenpolitisch gebrochen werden sollte.

Lutherische Restauration unter Ludwig VI.

Zunächst stellte sich das Problem, dass der Kurfürst sich trotz der konfessionellen Differenzen mit Johann Casimir arrangieren

Abb. 13: Kurfürst Ludwig VI. (1576–1583)
und seine Familie

musste. Die Brüder waren von ganz unterschiedlichem Charakter: Ludwig war bei seinem Regierungsantritt 37 Jahre alt, persönlich ausgesprochen religiös wie sein Vater, theologisch aber gebildeter. Er wird als zurückhaltend und bedächtig mit einem Sinn für Ordnung und Sparsamkeit geschildert. Seine dezidiert lutherische Überzeugung, so hieß es, sei nicht zuletzt auf den Einfluss seiner Gattin Elisabeth zurückzuführen, einer Tochter des Landgrafen Philipp von Hessen. Als Elisabeth 1582 starb, ging Ludwig eine zweite Ehe mit der kaum 16jährigen Anna von Ostfriesland ein. Seine Gesundheit war nie die beste; wenige Monate nach der zweiten Hochzeit ist er im Alter von nur 44 Jahren gestorben. – Johann Casimir war aus anderem Holz geschnitzt: ein Draufgänger und Soldat ohne tiefere Religiosität. Sein Calvinismus scheint eher gewohnheitsmäßig als reflektiert gewesen zu sein. Er war der Liebling des Vaters, obwohl er mit einer Lutheranerin, der sächsischen Prinzessin Elisabeth, verheiratet war. Von sich selbst sagte Johann Casimir, der am französischen Hof und in Lothringen erzogen worden war, einmal, er sei sein Leben lang ein armer Reiterknabe gewesen und habe von Jugend auf gerne Wein getrunken, so wie er es noch immer tue.

Ludwig VI. versuchte lange, die Testamentseröffnung hinauszuzögern, bis er Ende November 1576 schließlich einwilligte. Wie nicht anders zu erwarten, enthielt das Testament Friedrichs III. den eindringlichen Appell, das reformierte Bekenntnis in der Kurpfalz zu wahren. Gegen die absehbaren Folgen des Übergangs der Herrschaft an seinen ältesten Sohn hatte Friedrich III. sich zusätzlich durch eine Landesteilung abzusichern versucht, die erste seit 1410. Auf diese Weise war sichergestellt, dass das Reformiertentum wenigstens in einem Teil des Landes fortbestehen würde. Johann Casimir erhielt die Ämter Mosbach und Boxberg sowie die Ämter vor dem Wald in der Oberpfalz um Neunburg, dazu die Statthalterwürde in der Oberpfalz. Allerdings existierte zu dem Testament ein Zusatz, den Friedrich III.

nur einen Tag vor seinem Tod unterzeichnet hatte und in dem Johann Casimir ein Wahlrecht zwischen Mosbach und Boxberg auf der einen Seite und den linksrheinischen Ämtern Kaiserslautern, Neustadt und Böckelheim auf der andern eingeräumt wurde. Dies erweckte sofort den Verdacht, dass die Räte des Verstorbenen in letzter Minute versucht hatten, vor allem die reformierte Fremdengemeinde Frankenthal in die Hand Johann Casimirs zu spielen. Man einigte sich vorerst darauf, den Streit drei Monate lang ruhen zu lassen, bis Johann Casimir seine Wahl getroffen habe. Ludwig residierte bis zum Frühjahr 1577 in der Oberpfalz.

Das hinderte ihn freilich nicht, sofort einen neuen religionspolitischen Kurs einzuschlagen. Das erste Opfer wurde Kaspar Olevian, Mitverfasser des Heidelberger Katechismus und Vorkämpfer der Kirchenzucht. Ende 1576 wurde er zum Verlassen des Landes genötigt. Anfang 1577 folgten weitere Maßnahmen, zunächst das Verbot des calvinistischen Gottesdienstes in der Hofkapelle. Die lutherische Restauration setzte in großem Maße aber erst ein, nachdem Ludwig im April 1577 seinen Einzug in Heidelberg gehalten hatte. Jetzt wurde das entschieden reformierte Personal seines Vorgängers ausgetauscht, Gemäßigte wurden zum Teil aber weiter geduldet. Der reformierte Kirchenrat wurde entlassen, ebenso die geistlichen und weltlichen Räte, unter ihnen der Hofprediger Tossanus und der Kanzler Ehem. Im April 1577 wurden die Peters- und die Heiliggeistkirche an die Lutheraner zurückgeben, wenig später verloren die Reformierten mit der Barfüßerkirche auch ihre letzte Kirche in Heidelberg. Das fehlende liturgische Gerät schaffte man aus der Oberpfalz herbei. An die Stelle der reformierten Kirchenordnung trat wieder die leicht veränderte lutherische Ordnung Ottheinrichs. Pfarrer und Lehrer, die sie nicht annehmen wollten, mussten das Land verlassen. 500 bis 600 Reformierte sollen mit ihren Familien aus der Kurpfalz weggezogen sein. Die freien Stellen wurden mit

Lutheranern besetzt, die man aus der Oberpfalz holte oder aus der lutherischen Nachbarschaft. Die französischen reformierten Gemeinden in Heidelberg und Schönau wurden aufgelöst. Die Relutheranisierung erstreckte sich auch auf die Bildungseinrichtungen. Pädagogium und Sapienzkolleg wurden zur Annahme des lutherischen Katechismus gezwungen; wer sich weigerte, wie die meisten Schüler und Stipendiaten, wurde relegiert. An der Universität beschränkte sich Ludwig zunächst auf die Theologische Fakultät, wo die Professoren Boquin, Zanchi und Tremellio entlassen wurden.

Im Streit um die Landesteilung kam man Mitte 1577 zu einer Einigung. Johann Casimir entschied sich für die wertvolleren linksrheinischen Ämter, die im Folgenden zu einem Nebenland Pfalz-Lautern zusammengefasst wurden. Problematisch war allerdings der Einschluss von Neustadt, das zum Kurpräzipuum gehörte und deshalb von der Kurpfalz nicht abgetrennt werden durfte. Außerdem weigerten sich die Neustädter Bürger, Johann Casimir zu huldigen, was diesen dazu veranlasste, die Stadt in der Nacht vom 16. auf den 17. April 1577 im Handstreich zu besetzen und die Einwohner zur Huldigung zu zwingen. Im Januar 1578 einigten sich die Brüder in einem Vertrag, dass man sich in Religionssachen gegenseitig nichts vorschreiben werde. Damit war gesichert, dass in den von Johann Casimir regierten linksrheinischen Landesteilen der reformierte Konfessionsstand aus der Zeit Friedrichs III. erhalten bleiben konnte. Um rechtliche Schwierigkeiten zu umgehen, wurde Johann Casimir durch den Kurfürsten mit seinem Land belehnt, wobei Pfalz-Lautern eine eigene Reichsstandschaft erhielt.

Ludwig VI. strebte ähnlich wie seine Vorgänger danach, die Evangelischen zu einen. Deshalb gehörte er zu den Unterzeichnern der Konkordienformel, die in der Kurpfalz als Mittel der Religionspolitik eingesetzt wurde, indem der Kurfürst sie für die Universität als verpflichtend erklärte. Die nicht unbedingt calvinistischen, aber auch nicht streng lutherischen Professoren wurden auf diese Weise zum Abzug gezwungen. Die Folge war ein kompletter Austausch des Personals an der Universität im Sommer 1579. Die Untertanen wurden nicht auf die Formel verpflichtet, sondern ihnen stellte der Kurfürst die private Religionsübung frei. Sie durften in den eigenen Häusern den reformierten Gottesdienst beibehalten, mussten ihre Kinder aber in den lutherischen Religionsunterricht schicken; in der nächsten Generation sollte das Reformiertentum also ausgelöscht werden, was die Eltern häufig dadurch zu unterlaufen versuchten, dass sie ihren Kindern reformierte Taufpaten gaben.

Die **Konkordienformel** von 1577 sollte die seit der Mitte des 16. Jahrhunderts aufgekommenen innerlutherischen Lehrstreitigkeiten beenden. Sie wollte kein neues Bekenntnis sein, sondern das Augsburger Bekenntnis von 1530, seine Apologie, die Schmalkaldischen Artikel von 1537 und die Katechismen Luthers in konsensfähiger Weise erklären. Sie wurde Theologen, Pfarrern und Lehrern in den lutherischen Territorien und Städten zur Unterschrift vorgelegt und ging 1580 in die verbindliche Sammlung lutherischer Lehrschriften, das Konkordienbuch, ein. In Reaktion auf die Einigungsversuche der Lutheraner brachte Johann Casimir im Herbst 1577 einen Konvent reformierter Kirchen aus Frankreich, England, Polen, Ungarn und der Pfalz zusammen, um eine Verurteilung der Reformierten durch die Konkordienformel zu verhindern und ein gemeinsames Bekenntnis auszuarbeiten, was beides misslang.

Als Zufluchtsort für diejenigen, die sich den neuen konfessionellen Verhältnissen nicht anpassen wollten, diente Johann Casimirs Nebenland Pfalz-Lautern. Kaiserslautern wurde Residenzstadt, die Kanzlei kam nach Neustadt. Die Verwaltung wurde

Abb. 14: Das Casimirianum in Neustadt, Zustand 2002

mit aus der Kurpfalz ausgewichenen Reformierten besetzt: Ehem wurde Kanzler, Tossanus Superintendent. Die aus Schönau abziehenden Wallonen wurden in den aufgelösten Klöstern Otterberg und St. Lambrecht angesiedelt, wo neue Flüchtlingsgemeinden bzw. Refugiantenstädte entstanden. Zufluchtsort wurde Pfalz-Lautern auch für die Heidelberger Professoren. Johann Casimir gründete 1578 eine eigene Hochschule in Neustadt, das Casimirianum (Abb. 14). Ziel war es, eine reformierte Alternative zum lutherischen Heidelberg zu schaffen. Dies misslang letztlich, weil nur ein Teil der Heidelberger Professoren, unter ihnen Zanchi und Ursinus, sich für Neustadt entschied, die übrigen wie Olevian, Tremellio, Boquin und Erastus sich aber in alle Länder zerstreuten. Wichtig wurde Neustadt für das Reformiertentum auch wegen der hier eingerichteten Druckerei, die eine umfangreiche Propaganda zugunsten der reformierten Lehre entfaltete.

So wie Johann Casimir die konfessionelle Politik seines Vaters fortsetzte, setzte er auch dessen Religionsaußenpolitik fort. In Frankreich und den Niederlanden kam er den bedrängten Glaubensgenossen zu Hilfe. 1578/79 unternahm er mit 15.000 Mann einen Zug in die Niederlande, der ihm außer hohen Schulden den Hosenbandorden der Königin Elizabeth von England einbrachte, die damals die Holländer gegen Spanien unterstützte. In Köln griff er zugunsten des konversionswilligen Erzbischofs Gebhard ein, ohne dass es ihm gelang, den Geistlichen Vorbehalt hier an entscheidender Stelle auszuhebeln.

1582 ergab sich während der **Kölner Stiftsfehde** die Gelegenheit, im Reich selbst konfessionelle Außenpolitik zu betreiben, als der Kölner Erzbischof Gebhard Truchsess von Waldburg sich zur Heirat und zum Übertritt zum Protestantismus entschloss, verbunden mit der Freigabe der Confessio Augustana in seinem Herrschaftsbereich. Dieser klare Verstoß gegen den Geistlichen Vorbehalt des Religionsfriedens rief den Kaiser, den Papst und die katholischen Stände auf den Plan, die Gebhard zum Amtsverzicht zwingen wollten. Der Erzbischof erhielt nur geringe Unterstützung, weil sich vor allem die Lutheraner zurückhielten. Johann Casimir zog dem Erzbischof mit einer Armee zu Hilfe, richtete aber wenig aus. Die Stadt Köln ließ ihn nicht ein, in Bonn konnte er dem Erzbischof aber vorerst noch eine Stellung sichern. Als Johann Casimir seinen Truppen den Sold nicht mehr bezahlen konnte, drohten diese zu meutern. In dieser Situation erreichte ihn die Nachricht vom Tod seines Bruders. Sie lieferte ihm den willkommenen Vorwand, das Unternehmen abzubrechen und in die Kurpfalz zurückzukehren. Die Sache Gebhards wäre vermutlich auch ohne den Rückzug der Pfälzer verloren gewesen; der Erzbischof wurde abgesetzt und durch Herzog Ernst von Bayern ersetzt.

Während sein Bruder eine offensive Religionsaußenpolitik betrieb, konzentrierte sich Kurfürst Ludwig VI. auf die innere Ordnung. Von Bedeutung war die Kodifizierung des pfälzischen Landrechts von 1582 und der Erlass einer Landesordnung, die wichtige Verwaltungsfragen regelte. Landrecht und Landesordnung zusammen trieben den Territorialisierungsprozess in der Kurpfalz deutlich voran. Auch das landesherrliche Kirchenregiment trug seinen Teil zur Staatswerdung bei, weil die reformierten wie die lutherischen Kurfürsten gegenüber ihrer Landeskirche auf der eigenen Leitungsfunktion bestanden.

Ludwig VI. versuchte, den lutherischen Konfessionsstand in seinem Land testamentarisch festzuschreiben, obwohl er selbst das Testament seines Vaters missachtet hatte. Er verpflichtete das Land auf die Konkordienformel und legte fest, dass sein 1574 geborener Sohn Friedrich Alleinerbe sein sollte. Der brauchte wegen seines geringen Alters aber einen Vormund. Johann Casimir war kaum zu übergehen, was die Gefahr barg, dass er die Situation nützen würde, um den Calvinismus wieder einzuführen. Deshalb bestimmte Ludwig VI. Mitvormünder: Seine Frau, der Markgraf von Brandenburg-Ansbach, der Herzog von Württemberg und der Landgraf von Hessen-Marburg, alle strenge Lutheraner, wurden als Contutoren nominiert. Die Einhaltung des Testaments sollte vom Oberrat überwacht werden, dem nur Lutheraner angehören durften. Der Nachfolger sollte lutherisch erzogen werden. Das Testament wurde in zwei Exemplaren ausgefertigt, von denen eines der Universität in Verwahrung gegeben wurde; das andere wurde in Amberg in der Oberpfalz hinterlegt, von wo es an das Reichskammergericht übergeben werden sollte. Von Ludwigs Seite schien, als er 1583 starb und die Herrschaft an seinen neunjährigen Sohn überging, alles getan, um den Regierungswechsel im eigenen Sinne zu regeln.

Johann Casimir als Administrator (1583–1592)

Den lutherischen Konfessionsstand über seinen Tod hinaus festzulegen, ist Ludwig allerdings ebensowenig gelungen wie seinem Vater einige Jahre zuvor. Johann Casimir zeigte sich beim Tod seines Bruders als entschlossener und zupackender Politiker. Für ihn kam es zunächst darauf an, das Testament seines Bruders in die Hand zu bekommen. Der Universität wurde ihr Exemplar abgeluchst, indem der reformierte Oberrat Justus Reuber es unter dem Vorwand, er wolle es einsehen, auslieh und nicht mehr zurückgab. Das Amberger Exemplar verschaffte man sich, indem man den Boten, der es dem Reichskammergericht zustellen sollte, abfing. Auf diese Weise machte man es den Contutoren schwer, die Ansprüche Johann Casimirs unter Berufung auf den Willen des verstorbenen Kurfürsten anzufechten. Johann Casimirs Herrschaftsanspruch beruhte aber lediglich auf seiner Funktion als Vormund seines Neffen Friedrich. Die Ausschaltung der Mitvormünder war aus seiner Sicht dringend geboten. Dies geschah, indem er in der Kurpfalz sofort vollendete Tatsachen schuf und Oberrat wie Kirchenrat auf sich vereidigte, ohne die Mitvormünder zu berücksichtigen. Diese strengten zwar einen Prozess gegen den Administrator wegen Missachtung ihrer Rechte an und bekamen nach Jahren (1589) sogar Recht; doch da war es längst zu spät, weil die Vormundschaft ihrem Ende entgegen ging und die Entscheidungen in der Pfalz ohnehin gefallen waren.

1583/84 wiederholten sich die Vorgänge von 1576/77 unter umgekehrten, diesmal wieder reformierten Vorzeichen. Dabei kam Johann Casimir entgegen, dass Ludwig VI. eine Reihe gemäßigter Reformierter im Oberrat belassen hatte, so dass jetzt mit relativ geringem Aufwand die Mehrheitsverhältnisse unter den weltlichen Räten zugunsten der Reformierten verschoben werden konnten. Die Wiederbesetzung der Schlüsselstellen mit seinen Neustädter Räten ging ziemlich reibungslos vor sich. Christoph Ehem wurde wieder Kanzler. Der kleine Friedrich war bisher im lutherischen Sinne erzogen worden. Es lag im Interesse einer dauerhaften calvinistischen Entwicklung der Kurpfalz, wenn Johann Casimir die lutherischen Erzieher sofort durch reformierte ersetzen ließ, angeblich unter Tränen des Prinzen. Da man die Erziehung im Folgenden aber etwas lockerer und freier gestaltete, gelang es bald, Friedrich zu gewinnen, so dass er sich 1587 freiwillig zum Reformiertentum bekannte. Schwieriger war es, die reformierte Konfession im Land und an der Universität durchzusetzen, denn das Luthertum war in der Kirche, der Universität und der Bevölkerung tiefer verwurzelt als es die Forschung gelegentlich wahrhaben will.

Mit der Ankündigung, den reformierten Gottesdienst zulassen und die Heiliggeistkirche an die Reformierten übertragen zu wollen, eröffnete der Fürst im Spätjahr 1583 die Auseinandersetzungen über die konfessionelle Orientierung der Kurpfalz. In diesem frühen Stadium bestritt er das Existenzrecht der Lutheraner nicht gänzlich; im Unterschied zu einigen seiner Räte war er selbst kein religiöser Eiferer. Ein Grund für seine Zurückhaltung lag auch in seiner heiklen rechtlichen Situation als Administrator, der zudem dem Testament seines Bruders zuwiderhandelte. Er verlangte zunächst nicht mehr als eine angemessene Beteiligung der Reformierten, die eine eigene Kirche und eigene Prediger erhalten sollten. Im November 1583 wurde die Heiliggeistkirche an die Reformierten zurückgegeben. Angeblich hatten dies 500 Bürger Heidelbergs in einer Petition gefordert. Als zu Weihnachten 1583 in Heiliggeist das Abendmahl wieder nach reformierten Ritus gefeiert wurde, war sich Johann Casimir seiner Sache aber offenbar so wenig sicher, dass er Reformierte aus Speyer nach Heidelberg karren ließ, um eine Blamage auszuschließen.

Zum wichtigsten Instrument der Recalvinisierung der Kurpfalz wurde Johann Casimirs Mandat vom 19. Februar 1584, das vordergründig den Zweck verfolgte, den öffentlichen Theologenstreit zu unterdrücken, das tatsächlich aber eine verschleierte Bekenntnisänderung mit sich brachte. Das Mandat verbot konfessionelle Schmähreden und war eigentlich an beide Seiten gerichtet; in den praktischen Bestimmungen richtete es sich aber ausschließlich gegen die Lutheraner, denen verboten wurde, gegen die Abendmahlslehre des Heidelberger Katechismus zu polemisieren. Schon zu Beginn des Jahres waren die prominentesten lutherischen Geistlichen, die beiden Hofprediger und der Generalsuperintendent abgesetzt worden. Es folgten einige lutherische Pfarrer, und dann war die Universität an der Reihe.

Beim Tod Ludwigs VI. waren die theologischen Lehrstühle mit den entschiedenen Lutheranern Timotheus Kirchner, Philipp Marbach und Jakob Schopper besetzt. Nach einer Disputation im April 1584 über die Abendmahlsfrage, die eher ein manipulierter Schaukampf war, in dem die reformierte Seite als Siegerin von vornherein feststand, erklärte der Administrator die lutherische Abendmahlslehre für widerlegt und den eigens aus Basel herbeigeholten Johann Jakob Grynaeus, der in der Disputation die reformierte Seite angeführt hatte, zum Sieger. Die anwesenden Studenten verliehen ihrer Empörung über dieses Urteil lautstarken Ausdruck. Der Administrator nutzte die Disputation, um weitere Schritte gegen die Lutheraner zu begründen. Mitte 1584 wurden die lutherischen Lehrer und Schüler in Sapienzkolleg und Pädagogium entlassen, insgesamt an die hundert Personen. Innerhalb weniger Jahre verlor die Kurpfalz damit zum zweitenmal eine Generation nachwachsender Führungskräfte für Staat und Kirche. Im Juli wurden die städtische Pfarrerschaft und die Universität von Lutheranern gesäubert, angefangen mit der Theologischen Fakultät. Bis 1588 verließen alle lutherischen Professoren die Universität. 1585 wurde eine neue Kirchenordnung erlassen, die im wesentlichen die Zustände unter Friedrich III. wiederherstellte.

Die **Bevölkerung** hat sich äußerlich in die neue Ordnung gefügt. Aber man musste noch länger denjenigen mit Strafen drohen, die zum Abendmahlsempfang in die benachbarten lutherischen Gebiete ausliefen. Der Gottesdienstbesuch wurde 1590 als sehr schlecht beschrieben. Die Heidelberger Studentenschaft rekrutierte sich fortan wieder aus den reformierten Gebieten Europas wie in der Zeit Friedrichs III., wenn die Universität auch nicht mehr dasselbe Renommee wie vordem erreichte. Die Oberpfalz blieb überwiegend lutherisch. Es ist Johann Casimir ebensowenig wie Friedrich III. gelungen, auch diesen Teil des kurpfälzischen Territoriums dem Calvinismus zuzuführen.

Als Administrator der Kurpfalz setzte Johann Casimir die Westeuropapolitik aus seiner Zeit als Fürst von Pfalz-Lautern fort. Die Fremdengemeinden, die unter Ludwig VI. aufgelöst worden waren, wurden in Heidelberg und Schönau neu errichtet. 1587 engagierte sich die Kurpfalz erneut in Frankreich, indem sie ein 15.000 Mann starkes Heer unter dem Befehl Fabian von Dohnas den Hugenotten zu Hilfe schickte. Die Expedition verlief kläglich, Dohna wurde geschlagen und musste Frankreich fluchtartig wieder verlassen. Nicht besser erging es einem mit englischem Geld finanzierten Heer, das 1591 unter Christian von Anhalt nach Frankreich ging. Im Reich knüpfte Johann Casimir an die Tradition der pfälzischen Unionspolitik an, die erstmals einen Erfolg zu erzielen schien, als es 1591 gelang, in Torgau eine Union evangelischer Stände zustande zu bringen. Allerdings löste sich die Torgauer Union nach wenigen Monaten wieder auf.

Johann Casimir starb im folgenden Jahr, noch keine 50 Jahre alt. Die Restitution des Calvinismus in der Kurpfalz war ihm zwar gelungen, versagt hatte er jedoch in seiner Außenpolitik, die dem Land nichts als Schulden eintrug. Die Universität förderte er durch Stiftung eines neuen Gebäudes, des Casimirianums, das an der Stelle der heutigen Alten Universität stand; die Bibliotheca Palatina wurde erheblich erweitert. Mit seiner Frau hat sich der Administrator am Ende überworfen; konfessionell passten sie nicht zusammen, und menschlich endete die Beziehung in einer Tragödie, als er Elisabeth wegen angeblichen Ehebruchs einsperren ließ.

Friedrich IV. als Kurfürst

Beim Tod Johann Casimirs fehlten dem Kurprinzen Friedrich noch sechs Wochen bis zur Volljährigkeit mit 18 Jahren. Sein Herrschaftsantritt stand daher unter ungünstigen Vorzeichen. Ein Streit um die Vormundschaft brach aus, und die Oberpfalz geriet in offenen Aufruhr, weil der dortige Statthalter versuchte, in Amberg einen reformierten Pfarrer durchzusetzen. Der Vormundschaftsstreit hatte wie beim Tod Ludwigs VI. einen konfessionellen Hintergrund, denn der nächste männliche Verwandte Pfalzgraf Reichard von Simmern war ein Lutheraner. Dessen Ansprüche konnte man erfolgreich abwehren. Simmern fiel mit Reichards Tod 1598 an die Kurpfalz zurück, so wie nach dem

Tod Johann Casimirs Pfalz-Lautern wieder mit den Kurlanden vereinigt worden war, die getrennte Reichsstandschaft wurde in beiden Fällen beibehalten. Auch der Aufstand in der Oberpfalz konnte durch eine Garantie des Religionsstandes beruhigt werden. Nach den heftigen konfessionellen Ausschlägen der vergangenen Jahrzehnte kehrte um 1600 größere Ruhe ein.

Trotz dieser schwierigen Startbedingungen verschaffte Friedrich IV. (1592–1610) (Abb. 15) der Kurpfalz ruhige und fruchtbare Jahre. Friedrich selbst war eine schwache und problematische Herrschergestalt, die das Format seiner Vorgänger nicht erreichte. Sein Interesse an fürstlichen Vergnügungen wie Jagen, Reiten und Festlichkeiten übertraf seine Lust zum Regieren bei weitem; er war kaum zu bewegen, auch nur an den wichtigsten Sitzungen des Oberrats teilzunehmen. Er war ein Trinker, der sich durch seinen Lebenswandel die Gesundheit ruinierte. Dies war politisch nicht ohne Belang, weil die Gefahr seines raschen Endes schon bald die Frage aufwarf, wie man während der Minderjährigkeit seiner Kinder das Reformiertentum in der Pfalz sichern könne. Verheiratet war Friedrich IV. mit Louise Juliane von Oranien, mit der er eine Tochter und zwei Söhne hatte. Schon 1601 soll der Kurfürst nach einem Ritt von Heidelberg nach Eberbach einen Tag lang bewusstlos gelegen haben; 1606 wurde sein Gesundheitszustand nach einem ausgedehnten Gelage so kritisch, dass er sich nie mehr richtig erholte.

Da sein ältester Sohn Friedrich damals noch klein war, drohte nach dem Tod des Kurfürsten erneut eine Vormundschaftsregierung. Dafür gab es zwei Anwärter: die Brüder Philipp Ludwig von Pfalz-Neuburg und Johann von Pfalz-Zweibrücken. Beide waren Söhne des Pfalzgrafen Wolfgang von Zweibrücken, der von Ottheinrich das Fürstentum Pfalz-Neuburg erhalten und es an seinen ältesten Sohn vererbt hatte, während in Zweibrücken sein zweiter Sohn regierte. Philipp Ludwig von Neuburg war lutherischer Konfession, Johann von Zweibrücken reformiert. Weil

Abb. 15: Kurfürst Friedrich IV. (1592–1610)

es nicht gelang, den Neuburger zu verpflichten, in der Kurpfalz den reformierten Bekenntnisstand zu garantieren, versuchte man einmal mehr, das Reformiertentum durch ein Testament zu sichern, in dem unter Bruch des Reichsrechts 1592 der Zweibrücker zum eventuellen Administrator bestellt wurde, der sich zugleich eidlich verpflichtete, den konfessionellen Zustand der Pfalz nicht zu verändern. Ein weiteres Testament Friedrichs IV.

legte fest, dass sein jüngerer Sohn Ludwig Philipp ein Nebenland, bestehend aus Pfalz-Simmern und Pfalz-Lautern, erhalten sollte. Dem Zweibrücker wurden zudem eine Reihe von streng reformierten fürstlichen Contutoren an die Seite gestellt. Nach dem Tod Friedrichs IV. 1610 ist dann in diesem Sinne tatsächlich verfahren worden.

Außenpolitik bis zur Gründung der Evangelischen Union

Angesichts der persönlichen Schwächen Friedrichs IV. nahm die Bedeutung seiner Räte zu. Im Oberrat waren Angehörige der Wetterauer Grafen stark vertreten, die die lutherischen Kraichgauritter verdrängt hatten. Als überragende politische Gestalt stieg seit 1596 Christian I. von Anhalt-Bernburg auf. Persönlich hoch begabt, von gewinnendem Wesen, geistvoll, aber auch ein politischer Hasardeur, prägte er die kurpfälzische Politik und darüber hinaus die Politik der evangelischen Stände bis in den Dreißigjährigen Krieg hinein.

Als junger Mann stand **Christian I.** (1568–1630), Fürst von Anhalt-Bernburg, in kursächsischen Diensten. Von Geburt ein Lutheraner, allerdings einer offenen, melanchthonischen Prägung, wurde er in der kurzen reformierten Periode der kursächsischen Geschichte unter Christian I. (1586–1591) zur Unterstützung der Hugenotten nach Frankreich entsandt, konvertierte 1592 zum Calvinismus und sah fortan im Aufbau eines evangelischen Bündnisses sein primäres politisches Ziel. Dabei reichte das Kalkül Christians von Anhalt von Anfang an über die Grenzen des Reiches hinaus. In Frankreich, wo mit König Heinrich IV.

(1589–1610) ein zum Katholizismus konvertierter Hugenotte regierte, in den Generalstaaten und England sah er potentielle Verbündete. Im Dienst Friedrichs IV. von der Pfalz wurde er Statthalter in der Oberpfalz. In dieser Funktion wurde er mehr und mehr zum Leiter der kurpfälzischen Außenpolitik.

Im Reich erhob die Kurpfalz den Anspruch auf Führung des deutschen Protestantismus, wodurch sie nicht nur in einen Gegensatz zum Kaiser und zu den katholischen Ständen, sondern auch zum lutherischen Kursachsen geriet, das seine Kaiser- und Reichstreue besonders hervorhob und sich vom Calvinismus immer deutlicher abgrenzte; selbst der Ausschluss der Kurpfalz aus dem Religionsfrieden war wieder ein Thema. Die kurpfälzische Politik hingegen war um Sammlung möglichst vieler, auch lutherischer Stände unter der eigenen Führung bemüht. Zusammen mit Braunschweig-Wolfenbüttel, Baden-Durlach, Hessen-Kassel, Brandenburg-Ansbach, Anhalt, den Wetterauer Grafen, Pfalz-Zweibrücken und Kurbrandenburg bildete die Kurpfalz eine aktivistische Ständegruppe, deren Ziel es war, evangelische Interessen offensiv zu vertreten und eine evangelische Union zustandezubringen. Dahinter standen die politischen Prinzipien Christians von Anhalt, der in der Tradition der kurpfälzischen Religionsaußenpolitik den Status quo von 1555 überwinden und die evangelischen Stände theologisch und politisch einigen wollte.

Entsprechend agierte die Kurpfalz in den großen konfessionellen Konflikten, die seit den 1580er Jahren im Reich immer häufiger wurden. In den Straßburger Kapitelstreit griff Christian von Anhalt auf Seiten der evangelischen Domherren und ihres Bischofskandidaten ein, letztlich vergeblich, weil Kursachsen zu keinem Zeitpunkt bereit war, die kurpfälzische Politik aktiver evangelischer Interessenwahrung mitzutragen. Seinen größten

Erfolg erzielte Christian von Anhalt im Jahr 1608, als in den evangelischen Teilen des Reiches nach der militärischen Besetzung der evangelischen Reichsstadt Donauwörth durch bayerische Truppen die Wogen der Erregung hochschlugen. Auch bisher zögerliche Stände waren jetzt zu einem Militärbündnis bereit, so dass es im Mai 1608 zur Gründung der Evangelischen Union kam.

Der **Evangelischen Union**, die am 14. Mai 1608 in Auhausen bei Nördlingen abgeschlossen wurde, gehörten anfangs Pfalz-Neuburg, Brandenburg-Ansbach, Brandenburg-Kulmbach, Baden-Durlach und Württemberg an. Später wuchs das Bündnis auf am Ende neun Fürsten und 17 Städte an. Die Evangelische Union war ein problematisches Bündnis. Sie hatte ausschließlich defensiven Charakter; Bündniszweck war die Abwehr von Rechtsbrüchen der katholischen Seite. Der Kaiser selbst war als Gegner ausdrücklich ausgenommen. Die Union litt nicht nur unter Geldmangel, sondern vor allem unter ihrer inneren Heterogenität, die durch die Teilnahme von Calvinisten und Lutheranern bedingt war. Genau aus diesem Grund ist es Christian von Anhalt nicht gelungen, auch Kursachsen und die norddeutschen Lutheraner für das Bündnis zu gewinnen. Herzog Maximilian von Bayern reagierte im Juli 1609 mit der Gründung der Katholischen Liga, der zahlreiche süd- und westdeutsche Bischöfe und katholische Städte beitraten.

Der Kurfürst von der Pfalz übernahm das Direktorium, womit der lange erhobene Anspruch auf die Führung des Protestantismus im Reich tatsächlich verwirklicht wurde. Die vorhandenen Lehrunterschiede sollten die Kooperation im Bündnis ausdrücklich nicht behindern. Erstmals sah es so aus, als habe die Kurpfalz für ihre Religionsaußenpolitik Verbündete unter den

Reichsständen gefunden und ihre konfessionell bedingte Isolation durchbrochen.

Territorium, Verwaltung und Wirtschaft um 1600

Verfolgte die Kurpfalz um 1600 nach außen eine aggressive antikatholische Politik, waren die beiden Jahrzehnte vor dem Dreißigjährigen Krieg innenpolitisch eher eine Zeit der Ruhe und der kulturellen Blüte. In ihrem Territorialbestand ist die Kurpfalz bis auf kleinere Verschiebungen das geblieben, was sie nach dem Ende des Landshuter Erbfolgekrieges geworden war. Der Bereich indirekter Herrschaft ist im Verlauf des 16. Jahrhunderts eher kleiner geworden, weil sich die Klientelbeziehungen zum lutherischen Adel des Kraichgaus und zu der übrigen lutherischen Nachbarschaft wegen des pfälzischen Calvinismus tendenziell lockerten. Der kurpfälzische Hegemonialbereich schrumpfte auf einen Raum, der etwa bis Speyer, Worms, Wimpfen und Heilbronn reichte.

Die Kurpfalz galt als gut regiertes und verwaltetes Territorium mit einer Verwaltungsgliederung in Ämter, die sich im Verlauf des 16. Jahrhunderts mehr und mehr verfestigt hatte. Die größten Ämter waren Heidelberg, Alzey und Germersheim, daneben gab es eine ganze Reihe kleinerer Ämter wie Umstadt, Bacharach, Oppenheim, Mosbach, Boxberg und Bretten; hinzu kamen Kondominatsämter wie Kreuznach (Pfalz und Baden). Die Oberpfalz hatte eine eigene Ämtereinteilung, die viel kleinräumiger war als im rheinischen Landesteil. Die Ämter wurden geleitet von lokalen Beamten, für die es verschiedene Namen gab: Faut, Burggraf, Amtmann, in Neustadt Viztum. Die Stränge der Verwaltung liefen in Heidelberg zusammen. Dort waren die Zentralbehörden angesiedelt: Der Oberrat, gelegentlich auch als Geheimer oder Hoher Rat bezeichnet, der das eigentliche Entscheidungsgremium war und aus drei adligen und drei gelehrten Räten bestand; die Kanzlei, die von einem bürgerlichen Juristen als Kanzler geleitet wurde und für alle Verwaltungsgeschäfte zuständig war; das Hofgericht, das als letzte juristische Instanz im Territorium fungierte; die Rechenkammer für die Finanzen. Auch verwaltungstechnisch war die Oberpfalz weitgehend unabhängig vom rheinischen Gebietsteil.

Neben einer funktionierenden Verwaltung hatte die Kurpfalz auch eine geordnete Wirtschaft. Insgesamt waren die finanziellen Verhältnisse so stabil, dass die Kurfürsten weiterhin ohne Landstände zurechtkamen. Allerdings hatte sich die Situation im Verlauf des 16. Jahrhunderts merklich verschlechtert. Haupteinnahmequelle blieben die Zölle, vor allem die Rheinzölle; Steuern der Untertanen waren ein zweites finanzielles Standbein, seit der Reformation kam als drittes die geistliche Güterverwaltung hinzu, die Einkünfte aus ehemaligem Kirchengut beisteuerte. Dem standen aber erhebliche Ausgaben gegenüber: für die Landesverwaltung, für Baumaßnahmen, für die Hofhaltung. Was die Haushalts- und Ausgabendisziplin anging, waren die pfälzischen Herrscher nicht gleich. Ottheinrich blieb ein notorischer Schuldenmacher, der viel Geld für Bauten und Kultur ausgab. Als überaus kostspielig hat sich auf die Dauer die pfälzische Außenpolitik erwiesen. Zu Beginn des 17. Jahrhunderts beliefen sich die jährlichen Einnahmen auf ca. 330.000 Gulden bei Ausgaben von 400.000 Gulden. Dies zwang in der Zeit Friedrichs IV. dann doch dazu, ein ständisches Gremium einzuberufen, einen Ausschuss, dem Vertreter der Städte und Ämter Heidelberg, Alzey, Germersheim, Neustadt und Mosbach angehörten. Dieser Ausschuss, der sich durch Vertreter weiterer Ämter zum sogenannten Kommissariat erweiterte, war für die Bewilligung von Steuern und für ihre Verwendung zuständig und sorgte für größere Haushaltsdisziplin. Da das Kommissariat bereit war, zur Verteidigung des Calvinismus Opfer zu bringen, wurden Steuern immer wieder bewilligt, zuletzt 1623. Ein wichtiger Aktivposten im Haushalt war die Oberpfalz, die erhebliche Überschüsse nach Heidelberg ablieferte.

Religion, Bevölkerung und Kultur um 1600

Um 1600 hielt in der reformierten Kirche eine neue Haltung Einzug, die mit dem konfessionellen Eiferertum vergangener Zeiten brach und es durch eine versöhnlichere Haltung ersetzte. Hauptvertreter dieser Pfälzer Irenik war ein Schüler des Ursinus, David Pareus. Allerdings ist dabei zu beachten, dass es zunächst um lediglich verbale Bekundungen ging, dass man aus einer gesicherten reformierten Mehrheitsposition heraus auf die anderen Konfessionen zuzugehen bereit war. Immerhin hat sich diese neue, versöhnlichere Haltung in einigen konkreten Maßnahmen niedergeschlagen: So wurden Vertreter der lutherischen Kraichgauritter in den Oberrat berufen; 1608 erhielten die Katholiken die Erlaubnis zur häuslichen Andacht. Auch mit den Lutheranern ging man schonender um und hinderte sie jetzt nicht mehr am Auslaufen zum Gottesdienst in der Nachbarschaft.

Die Gesamtzahl der Einwohner belief sich nach einer Schätzung auf der Grundlage von Steuerlisten um 1577 auf ca. 180.000 Personen in der Rheinpfalz und weitere 80.000 in der Oberpfalz. Die Pfälzer Bevölkerung lebte überwiegend auf dem Land und von der Landwirtschaft, immerhin aber ungefähr zu einem Viertel in Städten. Unter diesen ragte Heidelberg mit 6-7.000 Einwohnern heraus, Kreuznach zählte etwas über 3.000, Oppenheim, Kaiserslautern, Neustadt, Bensheim und Weinheim um 2.000 Einwohner. Zu den kleineren Städten mit 1.000 bis 1.500 Einwohnern sind Bretten, Wiesloch, Ladenburg, Eberbach, Mosbach, Heppenheim oder Frankenthal zu rechnen. Bodenschätze und eine landestypische Industrie gab es in der Kurpfalz kaum.

Grundlage für den Wohlstand waren fruchtbare Böden, Viehzucht, Waldbewirtschaftung und vor allem der Weinbau. Das Bevölkerungswachstum wurde durch die Pest gehemmt. Zwischen dem Anfang des 16. Jahrhunderts und dem Dreißigjährigen Krieg zählte man 16 Pestjahre.

Unter den kurpfälzischen Städten wuchsen die Exulantenstädte am stärksten. Sie waren zugleich die einzigen im 16. Jahrhundert neu entstandenen Siedlungen. 1577 erhielt Frankenthal Stadtrecht, 1581 Otterberg. Frankenthal wurde zu einer modernen Festung ausgebaut. Für die Kurpfalz bedeuteten die Exulanten ein enormes Potential, weil sie nicht nur Bevölkerung ins Land brachten, sondern auch gefragte Fertigkeiten. Frankenthal wurde zu einem Zentrum der Tuchweberei sowie der Gold- und Silberschmiedekunst; auch wurde hier die Tradition der niederländischen Malerei, vor allem der Landschaftsmalerei, fortgeführt.

Die Bekanntheit Friedrichs IV. beruht heute zum Teil auf seiner belastungsfähigen Leber, die ihn zum Helden studentischer Trinklieder machte, vor allem aber auf der Gründung Mannheims, wo bis zum Beginn des 17. Jahrhunderts nur eine kleines Dorf und eine Zollstation existierten. Wie Frankenthal wurde Mannheim nach niederländischem und italienischem Vorbild seit 1606 als Festungsstadt ausgebaut, bestehend aus zwei Teilen: der Zitadelle Friedrichsburg und der im Schachbrettmuster angelegten Bürgerstadt. Die Siedlung, die 1607 Stadtrecht erhielt, sollte ursprünglich mit Flüchtlingen gefüllt werden, doch eine ausreichende Zahl stand nicht zur Verfügung. Immerhin konnten französischsprechende Reformierte aus Lixheim angeworben werden. Vor dem Dreißigjährigen Krieg blieb Mannheim mit ca. 1.200 Einwohnern relativ klein, während Frankenthal um 1618 wohl annähernd die Größe von Heidelberg erreichte.

Heidelberg war das kulturelle Zentrum der Kurpfalz. Die Jahre um 1600 waren eine Blütezeit im Zeichen des Späthumanismus. Humanistische Ideale wurden nicht nur an der Universität, sondern auch am Hof gepflegt, der zwar calvinistisch geprägt, aber nicht mehr wie in früheren Zeiten ausschließlich auf die Theologie hin orientiert war. Ein Hauptvertreter des Heidelberger Späthumanismus war Janus Gruterus aus Antwerpen. Er war durch ganz Europa gezogen, bevor er 1592 nach Heidelberg kam und von Friedrich IV. zum Professor für Geschichte ernannt wurde. Gruterus war zugleich Bibliothekar der Bibliotheca Palatina. Er arbeitete vor allem philologisch und edierte lateinische Autoren - seine Kapiteleinteilungen des Tacitus und Livius sind bis heute maßgeblich. Auch eine Edition lateinischer Inschriften ist ihm zu verdanken. Als Kompilator machte er sich um die Erhaltung von Texten verdient. Neben ihm sind der Diplomat und Jurist Marquard Freher, Verfasser eines Geschichtswerks und Editor von Quellen, und der Dogmatiker Heinrich Alting zu nennen, der eine Pfälzer Reformationsgeschichte verfasste.

Neben den Philologen und Historikern waren vor allem die Dichter für die Qualität des Heidelberger Späthumanismus verantwortlich. Unter ihnen war Paulus Schede Melissus die überragende Gestalt, neben ihm sind zu nennen Friedrich Lingelsheim, Julius Wilhelm Zincgref und Martin Opitz, die in der Dichtkunst der Zeit einen herausragenden Platz einnahmen. Sie alle profitierten vom Schatz der Bibliotheca Palatina auf den Emporen der Heiliggeistkirche und von der Tatsache, dass es seit 1587 in Heidelberg eine bedeutende Druckerei gab, die des Hieronymus Commelinus, eines Glaubensflüchtlings aus Douai in Flandern. Die Kurfürsten förderten das Heidelberger Geistesleben und waren bemüht, auch ihren Hof zu einem kulturellen Zentrum zu machen. In diesen Zusammenhang gehört der Ausbau des Heidelberger Schlosses, das unter Friedrich IV. nicht nur den prächtigen Friedrichsbau, sondern auch einen Fest- und Theatersaal im »dicken Turm« erhielt. Das Schloss wurde seiner Verteidigungsaufgabe also mehr und mehr entkleidet. Diese Entwicklung setzte sich unter Friedrich V. fort.

Die Kurpfalz im Dreißigjährigen Krieg

Beim Tod Friedrichs IV. 1610 war sein ältester Sohn Friedrich 14 Jahre alt. Wie im Testament des Kurfürsten vorgesehen, übernahm Johann II. von Zweibrücken die Vormundschaft, während Philipp Ludwig von Neuburg als Lutheraner trotz seines besseren Anspruchs ferngehalten wurde. Dessen Versuch, sein Recht auf dem Prozessweg durchzusetzen, schlug fehl. Auch in einem anderen Punkt wurde das Testament Friedrichs IV. beachtet: Sein jüngerer Sohn Ludwig Philipp erhielt ein Nebenland, bestehend aus Pfalz-Simmern und Pfalz-Lautern, allerdings ohne das Amt Neustadt (siehe Stammtafel 3, S. 204). Nach dieser letzten Apanagierung setzte sich in der Kurpfalz das strenge Primogeniturrecht allerdings durch.

Friedrich V. und Elizabeth

Wenn Friedrich V. (1610/14-1623) heute zu den bekanntesten der pfälzischen Kurfürsten zählt, ist dies wohl vor allem dem Umstand zuzuschreiben, dass er als »Winterkönig« beim Ausbruch des Dreißigjährigen Krieges eine Schlüsselrolle spielte. Erzogen wurde er am Hof des reformierten Herzogs von Bouillon in Sedan, wo er eine vorzügliche Bildung mit Kenntnissen in Theologie, Latein, Französisch, Mathematik und Ingenieurwesen erhielt. Aus Frankreich brachte er auch einen Sinn für Lebensart und höfischen Glanz mit, den er in Heidelberg umzusetzen versuchte. Auf einer Reise nach England im Herbst 1612 lernte er Elizabeth Stuart, die Tochter König Jakobs I., kennen, die er nach intensiver diplomatischer Vorarbeit im Februar 1613 in London heiratete (Abb. 16). Die Reise des Brautpaars über Oppenheim, Frankenthal und Ladenburg nach Heidelberg glich einem Triumphzug, und der Empfang in der Residenzstadt wurde mit größtem Aufwand gefeiert. Die Westeuropabindung der Pfälzer Politik kulminierte in dieser Verbindung, die Friedrich V. aber dazu verleitete, die Machtmittel seines Landes zu überdehnen und sich finanziell zu übernehmen.

Abb. 16: Hochzeit Friedrichs V. und Elizabeths

Um dem Paar eine standesgemäße Hofhaltung zu ermöglichen, wurde das Heidelberger Schloss im frühbarocken Stil umgebaut mit einem Wohntrakt für die Königstochter, dem Englischen Bau zwischen Friedrichsbau und Dickem Turm. Die aufwendige Anlage des Hortus Palatinus, eines mit geometrischen Beeten, exotischen Pflanzen, Grotten, Brunnen und Skulpturen reich ausgestatteten Lustgartens, durch den Architekten Salomon de Caus reduzierte den Wert des Schlosses als Festung weiter, bildete aber den repräsentativen Rahmen für das luxuriöse, für die Kurpfalz aber eigentlich zu kostspielige Hofleben des Kurfürstenpaars. Obwohl Friedrich erst im August 1614 die Volljährigkeit erreichte, ging seit seiner Ankunft in der Kurpfalz der Einfluss des Kuradministrators Johann beständig zurück. Im Januar 1614 brachte Elizabeth den Sohn Friedrich Heinrich († 1629) zur Welt, mit dem die Erbfolge vorerst gesichert war. Während die Heidelberger Jahre des Kurfürstenpaares mit Reisen, Jagden und Festen angefüllt waren, lagen die innere Verwaltung in der Hand der Räte, die großen politischen Entscheidungen aber in der Hand Christians von Anhalt.

Böhmische Unruhen und böhmisches Abenteuer

Die Schwächung der Habsburger blieb das übergeordnete politische Ziel Christians von Anhalt, dem er durch Ausnutzung ihrer Schwierigkeiten in Böhmen näherzukommen glaubte, wo sich lange aufgestaute Konflikte 1618 in einem Aufstand gegen die habsburgische Herrschaft entluden. Dass sich der Blick der böhmischen Stände bei der Suche nach Verbündeten auf die Evangelische Union und auf die Kurpfalz als die führende Macht des protestantischen Bündnisses richtete, lag eigentlich nahe. Als möglicher Kandidat für die böhmische Königskrone war Friedrich jedenfalls schon Mitte 1618 auf böhmischer Seite im Gespräch. Konkurrenzlos war er freilich nicht, sondern auch der Herzog von Savoyen, der Fürst von Siebenbürgen und der Kurfürst von Sachsen kamen als Kandidaten für die Wenzelskrone in die engere Wahl.

Der **Böhmische Aufstand** von 1618 hatte im Wesentlichen zwei Ursachen: eine politische, nämlich die Ablehnung der habsburgischen Herrschaft durch die böhmischen Stände und deren Widerstand gegen eine Herrschaftspraxis, die auf eine frühabsolutistische Entmachtung der Stände hinauslief. Hinzu kamen konfessionelle Gründe, denn Böhmen war ein mehrheitlich nicht-katholisches Land mit starkem hussitischem und protestantischem Einschlag. Die Rechte der böhmischen Stände und die Religionsfreiheit für die Evangelischen waren 1609 im Böhmischen Majestätsbrief vom Kaiser garantiert worden, seither aber unter den massiven Druck einer gegenreformatorischen habsburgischen Politik geraten. Die Auseinandersetzungen kulminierten im Prager Fenstersturz vom 23. Mai 1618, als die kaiserlichen Statthalter Wilhelm von Slawata und Jaroslaw Martinitz aus den Fenstern der Prager Burg geworfen wurden.

Im Sommer 1619 stand die Kurpfalz vor wichtigen politischen Entscheidungen: Während in Böhmen die Situation auf eine Absetzung des Habsburgers Ferdinand als König hinauslief, bewarb sich dieser im Reich um die Kaiserkrone. Mit der Stimme der Kurpfalz wurde er Ende August in Frankfurt gewählt; fast gleichzeitig ging aus Böhmen die Nachricht von der Absetzung Ferdinands und von der Wahl Friedrichs V. von der Pfalz zum böhmischen König ein. Die Frage der Annahme oder Ablehnung dieser Wahl war für die Kurpfalz eine Schicksalsfrage. Was aus böhmischer Sicht für den Pfälzer sprach, ist offensichtlich: Als Schwiegersohn des englischen Königs, Neffe des Moritz von

Oranien und Vetter Gustav Adolfs von Schweden verfügte Friedrich V. über politisch verwertbare Verbindungen zu den protestantischen Mächten Europas; als Haupt der Evangelischen Union sollte er die evangelischen Stände im Reich für die Sache der Böhmen mobilisieren; über die Oberpfalz war er zudem deren unmittelbarer Nachbar. Gegen die Kurpfalz sprach allerdings ihr geringes wirtschaftliches und militärisches Potential.

Von allen Seiten erhielt Friedrich V. Warnungen, sich auf das böhmische Abenteuer angesichts des absehbaren Konflikts mit dem Kaiser einzulassen. Aber Christian von Anhalt betrieb die Kandidatur mit Nachdruck. Dabei waren die Risiken einer Annahme bekannt. In einem Gutachten der Pfälzer Räte, das die für und gegen die Annahme sprechenden Argumente auflistete, war von der Gefahr eines allgemeinen Religionskriegs die Rede, allerdings auch von der Chance, durch Annahme der Wenzelskrone die Würde der Kurpfalz zu erhöhen. Weder bloßes Prestigedenken noch seine ehrgeizige Frau trieben Friedrich V. in das böhmische Abenteuer, vielmehr passte die Annahme des Angebots sehr gut in die Tradition der kurpfälzischen Religionsaußenpolitik. Ihre antihabsburgische Stoßrichtung kam hier ebenso zum Ausdruck wie die außenpolitische Risikobereitschaft unter Missachtung der eigenen begrenzten Möglichkeiten und - besonders wichtig - der konfessionelle Aspekt, konnte das Eingreifen in Böhmen doch sehr wohl als missionarische Chance und als Akt der Solidarität mit den von der gegenreformatorischen Politik der Habsburger bedrängten böhmischen Protestanten verstanden werden. Für Christian von Anhalt kam möglicherweise hinzu, dass sein Fürstentum Anhalt und die Oberpfalz durch ein kurpfälzisches Königtum in Böhmen wirtschaftlich profitiert hätten. Insofern wäre eher die Ablehnung als die Annahme der Krone eine Überraschung gewesen.

Friedrich brach Anfang Oktober 1619 zusammen mit seiner Frau nach Böhmen auf und wurde am 4. November 1619 im Prager Veitsdom zum König gekrönt. Die innerböhmischen Konflikte hatten sich damit endgültig mit den konfessionellen Konflikten im Reich verbunden.

Friedrich V. als »Winterkönig«

1618 ging mit dem böhmischen Aufstand und dem daraus folgenden Krieg der böhmischen Stände gegen die Habsburger eine ausgesprochen lange Friedenszeit im Reich zu Ende, die, gerechnet vom Augsburger Religionsfrieden, schon über 60 Jahre währte. Wenn der konfessionelle Konflikt aber bis 1618/19 aus dem Reich ein Pulverfass gemacht hatte, das durch einen Funken zur Explosion gebracht werden konnte, hatte die Kurpfalz daran ihren Anteil. Und die Entscheidung Friedrichs V., die böhmische Königskrone anzunehmen, war verantwortlich dafür, dass der Krieg in Böhmen auf das Reich übergreifen konnte.

Der mit dem böhmischen Aufstand beginnende **Dreißigjährige Krieg** wurde im Reich zunächst als Religionskrieg geführt, veränderte im Laufe der Zeit seinen Charakter aber, insofern er sich mit dem Kriegseintritt Schwedens 1630 und Frankreichs 1635 zu einem europäischen Mächtekonflikt erweiterte. Die konfessionelle Problematik trat je länger je mehr in den Hintergrund, verdrängt durch Fragen der inneren Reichsordnung und des europäischen Staatensystems.
Der Krieg wird üblicherweise in vier Phasen eingeteilt:

1618–1623 Böhmisch-pfälzischer Krieg,
1624–1629 Niedersächsisch-dänischer Krieg,
1630–1635 Schwedischer Krieg,
1635–1648 Schwedisch-französischer Krieg.

Friedrich V. war zur Zeit seiner böhmischen Königswahl gerade 23 Jahre alt, galt als freundlich und gewinnend, aber auch als unselbständig und beeinflussbar durch Berater wie Christian von Anhalt, Ludwig Camerarius und Abraham Scultetus. Der Jurist Camerarius (1573-1651) war seit 1598 kurpfälzischer Rat, leitete mit Christian von Anhalt die Politik und ging mit Friedrich V. nach Prag. Der Theologe Scultetus (1566-1624) wirkte als führender calvinistischer Geistlicher am Hof des Königs. Er war es vor allem, der mit seinem Missionseifer die Böhmen brüskierte und im Veitsdom einen Bildersturm veranlasste, der bei den gemäßigten böhmischen Protestanten auf Ablehnung stieß. Das Königspaar selbst verhielt sich offenbar so ungeschickt und sorglos mit Festen und Vergnügungen, dass über die angeblichen Ausschweifungen und die laxe Moral am Hof die schlimmsten Gerüchte umliefen. Die schlechte Presse des Königs in Böhmen wird aber auch als Ausdruck enttäuschter Hoffnungen gewertet werden dürfen.

Friedrichs **Wappen als König von Böhmen** zeigte im quadrierten Schild (heraldisch) rechts oben den doppeltgeschwänzten böhmischen Löwen, links oben die pfälzischen Bilder Löwe, Reichsapfel und Wecken, unten rechts den geschachten Adler Mährens und den schlesischen Adler, links die Mauer für Oberlausitz und den Stier für Niederlausitz. Der Titel lautete jetzt: »Friedrich von Gottes Gnaden König von Böhmen, Pfalzgraf bei Rhein, des Heiligen Römischen Reiches Erztruchsess und Kurfürst, Herzog in Bayern, Markgraf in Mähren, Herzog in Schlesien, Markgraf der Ober- und Niederlausitz etc.«

Was zunächst England anging, die größte Hoffnung der Böhmen und Pfälzer, so erwies sich die Erwartung eines massiven Eingreifens Jakobs I. zugunsten seines Schwiegersohns schnell als Illusion. Die Idee monarchischer Legitimität und sein eigenes Verhältnis zu Habsburg beziehungsweise Spanien hielten den König von einer effektiven Hilfeleistung ab. Friedrich V. durfte lediglich eine kleine Söldnertruppe in England anwerben, und Mitte 1620 entsandte Jakob ein bescheidenes Kontingent zur Verteidigung der Kurpfalz. Auch die Hoffnungen auf die Unterstützung der Evangelischen Union zerschlugen sich sehr schnell. Am 3. Juli 1620 schloss durch französische Vermittlung Markgraf Joachim Ernst von Brandenburg-Ansbach für die Union mit Herzog Maximilian von Bayern als Anführer der Katholischen Liga in Ulm einen Vertrag, der festlegte, dass Union und Liga sich gegenseitig nicht angreifen würden und dass beide Seiten das Recht des Truppendurchzugs durch das Territorium des jeweils anderen haben sollten. Dieser Nichtangriffspakt bezog sich ausdrücklich nicht auf Böhmen, aber auf die Kurpfalz. Dies bedeutete nichts anderes, als dass die Evangelische Union Friedrich V. in Böhmen preisgab, ihm nicht nur keine Hilfe zukommen ließ, sondern das eigene Gebiet für den Durchzug katholischer Truppen nach Böhmen öffnete. Die Sache Böhmens war damit aufgegeben, lediglich das Recht auf die Verteidigung der Kurpfalz behielt man in der Hand. Wenn schon die Mitglieder der Evangelischen Union sich so verhielten, erstaunt es nicht, dass eine Solidarisierung Kursachsens und der norddeutschen Lutheraner mit dem Böhmenkönig ausblieb.

Anerkannt wurde das Königtum Friedrichs V. hingegen von Dänemark, Schweden, Holland und Venedig. Dies bedeutete noch keine konkrete Hilfe, die lediglich die Generalstaaten in Form von Geldzahlungen leisteten und der Siebenbürger Fürst Bethlen Gabor als alter Gegner der Habsburger durch eine Politik militärischer Nadelstiche gegen die habsburgischen Länder. Unterstützung kam auch vom Herzog von Savoyen, der den Söldnerführer Ernst von Mansfeld für den Kampf auf Seiten der Böhmen finanzierte. Doch Mansfeld operierte unglücklich gegen die kaiserlichen Truppen, betrieb zeitweise eine Politik im eigenen Interesse, ohne sich den Befehlen des böhmischen Königs oder Christians von Anhalt zu unterwerfen. Gegen Ende 1619 verschlechterte sich die Situation für die böhmisch-pfälzische Seite merklich. Die Initiative ging immer deutlicher auf die kaiserlich-katholische Partei über, die im Herbst eine wichtige strategische Entscheidung traf und im Münchener Vertrag eine Kooperation der kaiserlichen und der Ligatruppen vereinbarte. Maximilian von Bayern ließ sich vom Kaiser den Ersatz aller seiner Kriegskosten zusichern, wofür er pfandweise Oberösterreich in Besitz nahm. Für die Kurpfalz war der Vertrag von erheblicher Bedeutung, weil er in einem geheim gehaltenen Teil die Zusage Kaiser Ferdinands II. enthielt, den Kurfürsten Friedrich V. von der Pfalz in die Reichsacht zu erklären und die Pfälzer Kurwürde erblich an den Herzog von Bayern und seine Nachkommen zu übertragen.

Mit dem **Münchener Vertrag** vom 8. Oktober 1619 zwischen Kaiser Ferdinand II. und Herzog Maximilian von Bayern trat der alte Streit um die wittelsbachische Kurwürde in ein neues Stadium. Der Vertrag eröffnete ein neues Konfliktfeld, die »Causa Palatina«, die den Krieg verlängerte, weil der Kaiser sich gegenüber Maximilian von Bayern in die Zwangslage brachte, entweder die pfälzische Frage im Sinne Bayerns zu lösen oder das eingesetzte Pfand zu verlieren. Rechtlich war zumindest zweifelhaft, ob der Kaiser die Kompetenz besaß, einem Kurfürsten die Kurwürde zu nehmen, zumal ohne die Zustimmung der anderen Kurfürsten. Maximilian von Bayern war 1619 jedoch in einer Situation, in der er dem Kaiser für Militärhilfe praktisch jedes Versprechen abringen konnte.

Bevor die Münchener Absprache eingelöst werden konnte, musste der Gegner militärisch besiegt werden. Maximilian von Bayern nahm diese Aufgabe energisch in Angriff und wandte sich zunächst gegen das überwiegend evangelische Oberösterreich, das sich auf die Seite der böhmischen Stände geschlagen hatte. Von dort zogen die bayerischen Truppen nach Südböhmen, wo sich Mansfeld und der kaiserliche General Bucquoy belauerten, ohne dass es zu irgendwelchen entscheidenden Aktionen kam. Die Ligatruppen verfolgten das naheliegende Ziel, sich mit den Kaiserlichen zu vereinigen, um dann gemeinsam gegen Prag zu marschieren. Im November 1620 gelang die Vereinigung der Truppen Bucquoys mit denen Maximilians von Bayern beziehungsweise seines Feldherrn Tilly. Die böhmische Seite geriet durch die Sorglosigkeit Friedrichs V., durch Geldmangel und organisatorisches Chaos in eine schwierige Lage. Die böhmischen Ständetruppen waren zum Teil schon länger ohne Sold und unter diesen Umständen wenig motiviert, gegen einen zahlenmäßig überlegenen Gegner anzutreten. Zur Entscheidungsschlacht kam es am 8. November 1620 am Weißen Berg in der Nähe von Prag. Die ca. 21.000 Mann Christians von Anhalt und der böhmischen Stände waren zwar in einer guten Position gegen das kaiserlich-ligistische Heer von 28.000 Mann unter Bucquoy und Tilly, das in der ungünstigen Talposition stand. Dennoch waren die böhmischen Truppen nach nur zwei Stunden geschlagen und befanden sich in völliger Auflösung.

Die Schlacht am Weißen Berg war eine der wenigen wirklichen Entscheidungsschlachten des Dreißigjährigen Krieges. Der böhmische Aufstand brach an nur einem einzigen Tag zusammen. Friedrich V., der im folgenden spöttisch als »Winterkönig« tituliert wurde, hatte an der Schlacht selbst nicht teilgenommen und floh jetzt überstürzt mit seiner Familie aus Prag, zunächst nach Schlesien, dann weiter nach Brandenburg und Den Haag, wo er Asyl fand. Selbst seinen Archivwagen ließ er während der

Deß gwesten Pfaltzgrafen Glück vnd Vnglück.

WEr Glück vnd Vnglück wissen will/
Der sch an deß Pfaltzgrafen spil.
Sehr glücklich war er in dem Reich/
So bald hett er nit seines gleich/
Jhm manglet nit an Leit vnd Land
Regieret weißlich mit Verstand
Ein Fraw von Königlichem Stam̃/
Die mehret jhm sein hohen Nam/
War glückhafftig mit jungen Erben
Sein Stam̃ so bald nit solt absterben.
Von reich vnd arm von jung vnd alten
Ward er in grosser Ehr gehalten.
Wie solches dann auch billich gschach
Weil er die höchste Chur versach
Auß Weltlichen Churfürsten vier
Dem Römischn Reich war er ein zier.
Jn Summ jhm war wol allermassen
Wann er sich nur hett gnügen lassen.
O Ehrgeitz du verfluchte sucht:
Hie sicht man dein vergiffte frucht/
Die Ehr vnd Würd machst manchem süß
Biß er kompt andern vnder dFüß.

Wie ansehlich wie zierlich wol
Wie dapffer alles Glücks so vol
War Pfaltzgraf Felderich zuuor/
Ehe das jhn Hoffart hebt empor.
Die besten Maister in dem Rath
Die waren da sein höchster schad
Der Blessen/ Camerarius/
Kein Müh kein Arbeit sie verdruß/
Biß sie jhn in die höch gebracht
Vnd auß jhm einen König gmacht
Das hett doch in die läng kein bstand
Weil er sich brauchet frembder Land
Sein Reich war nit von diser Welt
Darumb er bald zu boden felt.
Wo felt er hin? Jns tieffe Möhr/
Verlassen von seim gantzen Heer/
Die Staden haben jhn auffgfangen
Thun mit dem newen Fisch jetzt prangen
Vnd halten jhn für ein Gschawessen
Das Glück hat seiner gar vergessen
Hat jhn zu spott gmacht vor der Welt
Vnd wie ein Spiegel fürgestellt

Daß sich ein jeder hinfürbaß
Am seinigen genügen laß
Wie gern wolten jhn seine Räth
(Die das Rath zu starck vmbgedräht)
Jetzt wider in die höch auffschwingen
Es wil jhn aber alls mißlingen
Er ist zu tieff hinab gesuncken
Er wer villeicht gar wol ertruncken
Wann nit Holland geholffen hett
Da es vmb jhn noch mißlich steht
Dann als er auß dem Netz gekrochen
Hand sie jhm weiter nichts versprochen
Als daß er mög bey jhnen wohnen
Jetzt seynd hindurch vil gute Cronen.
Der hett zuuor vil Leit vnd Land
Der hat jetzund ein läre Hand
Der vor hett auff dem Haupt ein Cron
Hat jetzt kaum ein gantz Hemet an
Helff Gott dem armen Friderich
Er kompt doch nimmer vbersich.

Getruckt im Jahr/ 1621.

Abb. 17: Spottflugblatt auf den Winterkönig (1621)

Flucht zurück, so dass zahlreiche Dokumente in die Hände seiner Feinde fielen, die sie zu Propagandazwecken benutzten. Die Kunde vom schnellen Ende des Pfälzers, der das Schicksal herausgefordert hatte, zu hohen Ehren aufgestiegen war, nur um desto tiefer zu fallen und schließlich als mittelloser Flüchtling von den Holländern aufgefischt zu werden, wurde als illustriertes Flugblatt rasch verbreitet (Abb. 17).

Prag ergab sich. Über Böhmen brach ein Strafgericht herein, bei dem der bisher politisch dominierende evangelische Adel enteignet, vertrieben oder umgebracht wurde. Friedrich V. verweigerte die Unterwerfung unter den Kaiser. Ob er durch rechtzeitiges Einlenken einen Teil seiner Herrschaften hätte retten können, ist eine offene Frage. So wurde er am 22. Januar 1621 zusammen mit Christian von Anhalt in die Reichsacht erklärt. Maximilian von Bayern besetzte die Oberpfalz und schritt dort nach bewährtem Muster zur Gegenreformation. Entsprechend der Münchener Absprache, aber wieder nur geheim, wurde ihm im Herbst 1621 die Pfälzer Kurwürde übertragen, ausdrücklich zu erblichem Besitz. Erst im Februar 1623 wurde dieser Schritt öffentlich gemacht, aber nur von einer Übertragung an seine Person gesprochen. Dass man die erbliche Übertragung weiterhin verschwieg, zeugt von einem Rest schlechten Gewissens der Beteiligten, aber auch von der Skrupellosigkeit im Umgang mit dem Reichsrecht, das im Krieg letztlich dem Recht des Stärkeren weichen musste.

Der Pfälzische Krieg und seine Folgen

Die Unterpfalz wurde vom Krieg seit September 1620 erfasst. Von Norden her drangen spanische Truppen unter General Spinola ein. Pfalzgraf Johann von Zweibrücken, den Friedrich V. als Statthalter eingesetzt hatte, erhielt nur wenig Unterstützung. England schickte ein kleines Kontingent von 4.000 Mann zur

Verteidigung, die Evangelische Union hatte ein kleines Heer in der Kurpfalz stationiert, das aber zu schwach war, um die Spanier wieder aus dem Land zu vertreiben. Die Unionstruppen aus pfälzischen, württembergischen und baden-durlachischen Kontingenten wurden zwar durch Mannschaften aus den Niederlanden unter Prinz Heinrich von Oranien verstärkt, wagten aber keine Offensive. Auch die Aktionen des kurpfälzischen Obristen von Obentraut gegen die einrückenden Spanier konnten deren Vormarsch nicht aufhalten. Ende November 1620 war die linksrheinische Pfalz zu großen Teilen besetzt, lediglich Kaiserslautern, Frankenthal und die zweibrückische Burg Lichtenberg konnten etwas länger gehalten werden. Im April 1621 kam es in Mainz zu einem Waffenstillstand zwischen der Evangelischen Union und Spanien, der einer Kapitulation nahekam: Alle Unionstruppen mussten aus der Pfalz abgezogen und abgedankt werden, wofür man als Gegenleistung lediglich einen Waffenstillstand bis zur Mitte des Jahres erhielt. Die Evangelische Union hatte damit nach Böhmen auch die Kurpfalz aufgegeben und löste sich wenig später auf.

Im Sommer 1621 eroberten die Spanier Kaiserslautern, Ladenburg und die Bergstraße. Der Oberbefehlshaber der Verteidiger, der Engländer Sir Horace de Vere, verfügte über so unzureichende Truppen, dass die Verteidigung sich auf die drei Hauptfestungen Frankenthal, Mannheim und Heidelberg konzentrieren musste. Unerwartet stellte sich den Spaniern dann aber doch noch ein Heer entgegen, denn Mansfeld rückte aus Böhmen in die Pfalz, verfolgt von Tilly. Da er keine Schlacht wagte, sondern sich im Elsass festsetzte, konnten die Bayern von Süden her in die Pfalz eindringen. Im Frühjahr 1622 eroberten sie den Odenwald, den Kraichgau und die Rheinebene. Neckargemünd wurde eingenommen, gehalten wurden aber der Dilsberg, Heidelberg, Mannheim und Frankenthal. In dieser Lage vereinigte Mansfeld seine Truppen mit denen des Markgrafen Georg Friedrich von

Baden im Kraichgau. Am 27. April 1622 kam es zwischen Wiesloch und Mingolsheim zu einer Schlacht, in der Mansfeld zwar die Oberhand über Tilly behielt, ihn aber nicht entscheidend besiegte. Tilly zog sich nach Wimpfen zurück, und Mansfeld versäumte es, ihm nachzusetzen. Er eroberte statt dessen Ladenburg zurück und eröffnete Tilly so die Möglichkeit, sich neu aufzustellen und mit spanischen Truppen zu verstärken.

Am 6. Mai 1622 standen sich die Truppen des Markgrafen von Baden, der ohne Unterstützung Mansfelds war, mit dem er sich wegen Rangfragen zerstritten hatte, und die Truppen Tillys bei Wimpfen gegenüber - genauer bei Obereisesheim nördlich von Heilbronn. Für den Markgrafen war die Lage nicht ungünstig, da er mit seinen ca. 14.000 Mann dem Gegner zahlenmäßig zwar unterlegen, aber besser mit Artillerie versorgt war. Die Entscheidung zugunsten Tillys brachte ein Zufallstreffer auf einen Munitionswagen der badischen Truppen, der große Verwirrung anrichtete. Nach dieser mit 3-4.000 Toten äußerst verlustreichen Schlacht floh der Markgraf nach Stuttgart. Die Pfälzer erhielten zwar noch einmal Hilfe durch Herzog Christian von Braunschweig, Bischof von Halberstadt, genannt der »tolle Halberstädter«, der bei Höchst am Main von Tilly aber geschlagen wurde. Damit war der Feldzug entschieden und die Pfalz den Gegnern schutzlos ausgeliefert. Heidelberg wurde ein halbes Jahr lang durch den auf dem Gaisberg lagernden Tilly belagert und am 19. September 1622 eingenommen, als es einer Gruppe Kroaten gelang, mit ihren Pferden den Neckar zu durchschwimmen und die Altstadt zu besetzen. Die Besatzung des Schlosses ergab sich wenig später. Jetzt wüteten ligistische Truppen in der Stadt. Mit dem Dilsberg, Mannheim und Ende März 1623 auch Frankenthal fielen die letzten pfälzischen Bastionen in die Hände der katholischen Partei. Fortan herrschten rechts des Rheins die Bayern, links des Rhein die Spanier; die Pfalz war in Besatzungszonen aufgeteilt.

Die Eroberung Heidelbergs durch Tilly ist in Erinnerung geblieben vor allem durch den **Raub der Bibliotheca Palatina**, der großen Büchersammlung der Pfälzer Kurfürsten mit ihren zahlreichen Drucken, Handschriften und wertvollen Einbänden, die auf den Emporen der Heidelberger Heiliggeistkirche aufgestellt war. Die Bibliothek, wohl an die 8.000 Bände, wurde in 184 Kisten verpackt und auf 50 Frachtwagen verladen, um sie nach Rom zu bringen. Organisator des großen Kunstraubs war der päpstliche Bibliothekar Leone Allacci, tatkräftig unterstützt von den bayerischen Truppen und dem Herzog, der die Bücher dem Papst zum Geschenk darbrachte. In München wurde die Ladung zum Transport über die Alpen auf Maulesel umgepackt. Mitte 1623 traf die Fracht in Rom ein, wo sie der Vatikanischen Bibliothek eingegliedert wurde. »Raub oder Rettung« ist seither die Frage, wobei die Apologeten darauf verweisen, dass die Bibliothek vor einer möglichen Zerstörung in einem der späteren Kriege bewahrt worden sei. Für die Kurpfalz, die Heidelberger Universität und den Pfälzer Calvinismus bedeutete der Raub einen unwiederbringlichen Verlust.

Mit der militärischen Niederlage der evangelischen Truppen begann in der Kurpfalz eine jahrelange und drückende Besatzungszeit, die das Land materiell ausbluten ließ. Die links des Rheins herrschenden Spanier legten Garnisonen in die wichtigsten Städte, wobei sie offenbar mit einer relativ kleinen Truppe von zeitweise nur 5.000 Mann auskamen. Das spanische Hauptquartier lag in Kreuznach, wo ein Militär als Pfalzgubernator residierte; neben ihm gab es einen zivilen Superintendanten. Drückend war die Besatzung nicht nur wegen der damals allgemeinen Praxis, dass die Truppen sich aus dem Land ernährten, sondern auch durch eine Politik der Rekatholisierung, die sowohl im spanischen als auch im bayerischen Teil bald nach der Eroberung einsetzte. Dafür hatten die Besatzer die ausdrückliche Einwilligung des Kaisers. Die Spanier ließen die Mönchsorden wieder zu und gaben ihnen die Klöster zurück. In Kreuznach, Oppenheim, Alzey, Frankenthal zogen jetzt die Mönche wieder ein. Die evangelischen Pfarrer wurden gleichzeitig durch eine Gehaltssperre unter Druck gesetzt, entweder in wirtschaftlicher Not im Land zu bleiben oder zu gehen. Wo möglich, versuchte man sie durch katholische Priester zu ersetzen, die man aus Mainz bezog; der Erzbischof spielte im Linksrheinischen als Helfer bei der Rekatholisierung eine wichtige Rolle.

Eher noch rigoroser verfuhren die Bayern im Rechtsrheinischen. Am Tag nach der Eroberung Heidelbergs wurde in der Heiliggeistkirche durch die mit der Armee eingezogenen Jesuiten wieder die Messe gelesen. Die meisten Pfarrer hatten sich auf das Schloss geflüchtet; nur zweien erlaubte Tilly, in der Stadt zu bleiben. Die Jesuiten erhielten die kurfürstliche Kanzlei als festen Stützpunkt in der Stadt. An der Universität war 1622 der Lehrbetrieb praktisch zusammengebrochen; formal blieb sie aber bis 1626 geöffnet, freilich ohne die protestantischen Theologen, die meist schon geflohen waren. Bis 1626 folgten alle Protestanten außer einem, der zum Katholizismus übertrat. Die Professorenstellen wurden mit Jesuiten besetzt, unter deren Leitung Heidelberg 1629 für kurze Zeit als katholische Universität wiedereröffnet wurde.

Neben den Jesuiten kehrten 1622 auch die Franziskaner und die Dominikaner nach Heidelberg zurück und zogen in ihre alten Klostergebäude ein. Ende Februar 1623 wurden alle calvinistischen Prädikanten aus Heidelberg ausgewiesen. Die evangelischen Lehrer waren schon zuvor durch Katholiken ersetzt worden; jetzt wurden auch die katholischen Feiertage und der Gregorianische Kalender eingeführt. So streng wie in Heidelberg ließ sich in der übrigen rechtsrheinischen Kurpfalz nicht verfahren. Rekatholisierungsversuche gab es überall, doch fanden sie ihre Grenze darin, dass Priester nicht in ausreichender Zahl zur Besetzung der Pfarrstellen zur Verfügung standen. 1625 gab es in den meisten Orten der bayerisch besetzten Pfalz wieder katholischen Gottesdienst, wobei die Orden viele Pfarrstellen versorgten. In diesem Jahr fiel auch der Entschluss, keine Protestanten unter den Beamten, Lehrern und Predigern mehr zu dulden. Sie wurden unter allerlei Vorwänden aus ihren Ämtern gedrängt. Zugleich wurde die Bevölkerung aufgefordert, den Katholizismus anzunehmen. Über den Erfolg solcher Maßnahmen lassen sich naturgemäß keine sicheren Aussagen machen. Es gab gelegentlichen offenen Widerstand, aber viele haben sich äußerlich gefügt. 1628 wurden kostenlos Rosenkränze und Gebetbücher unter die Heidelberger Bevölkerung verteilt. Maximilian von Bayern setzte im selben Jahr ein Ultimatum, dass die Bevölkerung sich bis September zu bekehren habe; notfalls sollte mit dem weltlichen Arm nachgeholfen werden. Erst der Siegeszug des Schwedenkönigs Gustav Adolf setzte der gewaltsamen Gegenreformation in der Kurpfalz ein vorläufiges Ende.

Die Kurpfalz im Schwedischen Krieg

Die Landung Gustav Adolfs an der Ostseeküste 1630 und sein großer Sieg über Tilly bei Breitenfeld 1631 bedeuteten Zäsuren im Dreißigjährigen Krieg, insofern die immer drückender werdende Übermacht der kaiserlich-katholischen Seite beendet wurde und die Evangelischen mit schwedischer Hilfe erstmals in die Offensive kamen. Der schwedische Kriegszug rollte nach Südwesten, von Leipzig über Schweinfurt den Main hinab bis Frankfurt und weiter nach Mainz, wo er Ende 1631 ankam. Gustav Adolf nahm hier sein Winterquartier, während seine Truppen weiter in Richtung Süden vorstießen, um die Rheinpfalz von spanischen und bayerischen Truppen zu befreien. Zunächst wurde die Bergstraße zurückerobert, Anfang 1632 wurden nach und nach Heilbronn, Mannheim, Eppingen und Frankenthal eingenommen, lediglich Heidelberg und der Dilsberg blieben in ligistischer Hand. In einer schwedischen Großoffensive gelang im März 1632 die Eroberung weiter Teile der linksrheinischen Pfalz und die Einnahme Heidelbergs mit Ausnahme des Schlosses, das sich bis Anfang Juni in der Hand einer bayerischen Besatzung befand.

Friedrich V. setzte alle seine Hoffnungen auf Wiedereinsetzung in der Kurpfalz auf Gustav Adolfs Kriegserfolge. Der Schwedenkönig war im Prinzip bereit, den Pfälzer zu restituieren, knüpfte daran aber eine Reihe von Bedingungen: Er bestand darauf, auf pfälzische Kosten in einer Reihe von Städten schwedische Besatzungen zurücklassen zu dürfen, er verlangte eine Beteiligung der Pfalz an den schwedischen Kriegskosten, er nahm für sich selbst den Oberbefehl über alle Militäraktionen in Anspruch und forderte die Gleichberechtigung der Lutheraner in den wiedereroberten Gebieten. Es ist bezeichnend für die fehlende politische Weitsicht des Winterkönigs, dass er meinte, diese Bedingungen ablehnen zu können. Wieder einmal verlangte Friedrich V. zu viel und verlor alles.

Die Rückeroberung der Kurpfalz kam auch deshalb verhältnismäßig schnell voran, weil die vorrückenden protestantischen Truppen von der einheimischen Bevölkerung unterstützt wurden. Die in Heidelberg stationierten bayerisch-ligistischen Soldaten wurden bei Streifzügen zur Lebensmittelbeschaffung zwischen

Heidelberg und Mannheim zu Dutzenden von den Bauern erschlagen. Mannheim fiel Anfang Januar 1632 in schwedische Hand, weil die Bevölkerung die Wachen überwältigte und die Schweden in die Stadt einließ. Die Sympathien waren demzufolge klar verteilt. Seit Mitte 1632, als Heidelberg an die Schweden fiel, waren die rechtsrheinischen, seit der Kapitulation der spanischen Garnison in Frankenthal im November auch die linksrheinischen Gebiete frei vom Feind.

Friedrich V. war damals schon nicht mehr am Leben. Er war der schwedischen Armee gefolgt, als diese im Frühjahr 1632 in Richtung Bayern marschierte. Gustav Adolfs Ziel war München und in weiterer Perspektive Wien. Am 7. Mai 1632 zog er im Triumph in der bayerischen Residenzstadt ein. In seinem Gefolge befand sich Friedrich V., der auch in den nächsten Monaten im schwedischen Tross reiste, den er erst nach dem Tod Gustav Adolfs bei Lützen Mitte November 1632 verließ, wohl um sich wieder in die Niederlande zu begeben. Auf dem Weg ist er gestorben, wie man vermutet Ende November 1632 in Mainz an einer ansteckenden Krankheit. Da seine Kinder noch minderjährig waren, übernahm sein Bruder Ludwig Philipp die Vormundschaft. Er arrangierte sich mit den Schweden, doch verhinderte die Niederlage der schwedischen und evangelischen Truppen bei Nördlingen im September 1634 die Rückkehr der Erben des Winterkönigs in die Heimat.

Die Kurpfalz in der zweiten Kriegshälfte

Die Schlacht bei Nördlingen bedeutete für Südwestdeutschland den tiefsten Einschnitt des Dreißigjährigen Krieges. Die Schweden zogen alle südlich des Mains stationierten Truppen zurück. Die Kurpfalz stand den nachrückenden kaiserlichen Truppen schutzlos offen. Diese nahmen bittere Rache, plünderten, mordeten und brannten nieder. Mit der ungeheueren Zerstörungswelle kam die Pest, die 1635 ihren Höhepunkt erreichte und die Bevölkerung drastisch reduzierte. Für die Kurpfalz begann jetzt der Krieg erst richtig. In die von den Schweden aufgegebenen Positionen rückten kaiserliche und bayerische Truppen ein. Heidelberg war heftig umkämpft. Erstmals überschritt Kardinal Richelieu, als er eine Armee zum Entsatz Heidelbergs entsandte, die Grenze zwischen verdeckter Kriegführung und offener Intervention. Offiziell trat Frankreich Mitte 1635 in den Krieg ein, um einen Sieg der kaiserlich-katholischen Seite zu verhindern.

Dies hatte zur Folge, dass sich die katholischen Mächte schwertaten, ihre vormalige Stellung am Oberrhein wieder zu befestigen. Die Kurpfalz wurde zu einem der Hauptkriegsgebiete. Im Januar 1635 fiel mit Philippsburg eine wichtige Stellung an die Kaiserlichen; Heidelberg fiel Ende Juli, Frankenthal kapitulierte Mitte Oktober, Mannheim im Dezember. Die rechtsrheinische Pfalz geriet wieder weitgehend unter bayerische Herrschaft. Viel unübersichtlicher war die Lage im Linksrheinischen, wo in den folgenden Jahren ständiger Krieg herrschte. Zunächst kehrten die Spanier zurück, so dass äußerlich die Aufteilung der Pfalz in eine bayerische und eine spanische Besatzungszone wiederhergestellt war. Die Spanier hatten sich aber ständig mit französischen Truppen auseinanderzusetzen, die, je länger der Krieg dauerte, desto erfolgreicher operierten. Am Ende des Krieges waren die Spanier auf das Gebiet um Frankenthal zurückgedrängt.

Die Pfalzfrage im Westfälischen Frieden

Als man in Münster und Osnabrück über den Frieden verhandelte, standen drei Problemkomplexe zur Entscheidung an: die Erfüllung der Entschädigungsforderungen der auswärtigen Mächte Schweden und Frankreich, Reichsverfassungsfragen und die Religionsfrage. Die Kurpfalz war vor allem durch die beiden letzten Problemkomplexe betroffen.

Im Prager Frieden von 1635, in dem der Kaiser mit den Reichsständen den Krieg hatte beenden wollen, ohne Schweden und Frankreich einzubeziehen, war von einer **Restitution der Kurpfalz** keine Rede gewesen. Seither gab es immer wieder Verhandlungen in der pfälzischen Frage. England machte sich zum Fürsprecher der Erben des Winterkönigs, doch erst die Zusage Schwedens an den ältesten überlebenden Sohn Karl Ludwig, sich seiner Sache anzunehmen, machte die Behandlung der Pfalzfrage im Rahmen allgemeiner Friedensverhandlungen unausweichlich.

Der Westfälische Frieden beruhte auf den Prinzipien der Amnestie und der Restitution. Die Kriegsschuldfrage sollte nicht gestellt und jeder in den Zustand versetzt werden, der vor dem Krieg bestanden hatte. Bei strikter Anwendung dieser Prinzipien hätte aber auch die Kurpfalz wieder in den Vorkriegszustand versetzt werden müssen. Dies war aus mehreren Gründen unmöglich. Schweden trat zwar energisch für die Restitution ein, aber Frankreich war in dieser Frage weniger entschieden, weil es die bayerischen Interessen berücksichtigte, um dafür die Unterstützung Bayerns bei der französischen Entschädigung zu erhalten. Für die Haltung des Kaisers war entscheidend, dass er sich im Münchener Vertrag verpflichtet hatte, den Herzog von Bayern für alle seine Auslagen im Krieg zu entschädigen, und dafür Oberösterreich als Pfand eingesetzt hatte. Die Restitution der Kurpfalz auf dem Stand von 1618 hätte bedeutet, dass er Bayern entweder die exorbitanten Kriegskosten hätte erstatten oder Oberösterreich überlassen müssen.

Die Lösung lag in einem Kompromiss, der allerdings vom Prinzip der Restitution nach dem Stand von 1618 abwich. Nach Artikel IV des Osnabrücker Friedensinstruments (IPO) behielt Bayern die Pfälzer Kurwürde und die Oberpfalz, verzichtete dafür aber gegenüber dem Kaiser auf den Kriegskostenersatz und seine Ansprüche auf Oberösterreich. Für die restituierte Kurpfalz wurde eine achte Kurwürde geschaffen. Die Kurpfalz verlor nicht nur die Oberpfalz an Bayern, sondern zudem den größten Teil des im 15. Jahrhundert erworbenen Pfandbesitzes an der Bergstraße an Mainz; Lautern und Simmern bildeten außerdem weiterhin ein eigenes Fürstentum, wie es schon vor dem Krieg der Fall gewesen war. Damit war das Territorium der Kurpfalz gegenüber dem Vorkriegszustand erheblich reduziert. Die achte, in der Goldenen Bulle nicht vorgesehene Kurwürde war zudem weniger wertvoll als die bei Bayern bleibende Kur, mit der das Erztruchsessenamt und das Reichsvikariat verbunden waren. Für den Erben des Winterkönigs, der im Kurfürstenkolleg künftig den letzten Platz einnahm, wurde mit dem Erzschatzmeisteramt ein neues Erzamt geschaffen.

Abb. 18: Erztruchsessenwappen, Schloss Heidelberg

An die Stelle des 1544 verliehenen Erztruchsessenwappens (goldener Reichsapfel in rot, Abb. 18) sollte ein Erzschatzmeisterwappen (goldene Reichskrone in rot) treten. Die Kurpfalz hat es jedoch nie geführt, sondern ihren fortbestehenden

Anspruch auf die höhere Würde durch einen ledigen »Wartschild« ausgedrückt (Abb. 19).

Abb. 19: Pfälzer Wappen, datiert 1683, Schloss Heidelberg

Auch durch die konfessionellen Regelungen des Westfälischen Friedens war die Kurpfalz unmittelbar betroffen. Artikel V IPO bestätigte den Augsburger Religionsfrieden, der hinsichtlich der bisher strittigen Bestimmungen für alle Zeiten erläutert werden sollte. Seit dem Übergang der Kurpfalz zum Calvinismus hatte die Frage im Raum gestanden, ob sie zu den Augsburgischen Konfessionsverwandten zu zählen und folglich in die Friedensordnung des Reiches eingeschlossen war. Der Westfälische Frieden entschied die Frage zugunsten der Zugehörigkeit der Reformierten zu den Ständen der Augsburgischen Konfession. Der kurpfälzische Calvinismus erhielt mithin die reichsrechtliche Anerkennung. Die zweite Hälfte des 16. Jahrhunderts war durch den Streit um das Kirchengut angefüllt gewesen. Die Lösung des Westfälischen Friedens lag in einer Normaljahrsregelung,

Abb. 20: Kurfürst Karl Ludwig (1649–1680)

wonach für die kirchlichen Verhältnisse im Reich insgesamt der 1. Januar 1624 maßgeblich war. Für die Kurpfalz hätte dieses Datum aber bedeutet, dass die Rekatholisierungsmaßnahmen der Bayern und Spanier seit 1622/23 festgeschrieben worden wären. Deshalb wurde unter schwedischer Vermittlung vereinbart, dass die Oberpfalz katholisch bleiben, dagegen in der Rheinpfalz der Zustand wiederhergestellt werden sollte, wie er vor dem böhmischen Aufstand geherrscht hatte. Die Schweden verhalfen den Pfälzer Lutheranern außerdem zu einigen Sonderrechten.

Als Karl Ludwig (Abb. 20) 1649 in der Kurpfalz die Herrschaft antrat, war das Land verheert und entvölkert, territorial reduziert und in seiner reichsrechtlichen Stellung gemindert. Dass es überhaupt zu einer Restituierung der Kurpfalz gekommen ist, was Kaiser Ferdinand II. und sein Nachfolger immer abgelehnt hatten, weil sie die Kurpfalz für den Ausbruch des Kriegs verantwortlich machten, war dem Einsatz vor allem Schwedens zu verdanken. Dass die Pfalz die Kurwürde behielt, sicherte ihr auch für die Zukunft eine herausgehobene Stellung unter den Ständen des Reiches.

Wiederaufbau, Pfalzzerstörung und Gegenreformation

Der Dreißigjährige Krieg war die größte Katastrophe der deutschen Geschichte bis zu den Kriegen des 20. Jahrhunderts. Das Reich war von Zerstörungen und Menschenverlusten allerdings sehr unterschiedlich betroffen. Überträgt man die geschätzten Verluste an Bevölkerung auf eine Landkarte, so ergibt sich das Bild einer Zerstörungsdiagonalen von Südwesten nach Nordosten. In den Hauptzerstörungsgebieten war ein Bevölkerungsrückgang um zwei Drittel bis drei Viertel zu beklagen. Dazu zählten die Kurpfalz und Württemberg, Mecklenburg und Pommern sowie Teile Thüringens, Hessens, Frankens und Sachsens. Nicht Schlachten oder physische Gewalt forderten die meisten Toten, sondern Krankheiten und Hunger. Zwischen 1634 und 1640 ging die Pest in mehreren Wellen über das Reich; in Süddeutschland wütete sie besonders in der Zeit nach der Schlacht bei Nördlingen 1634. Die durch Hunger und schlimme hygienische Zustände geschwächten Menschen waren für ansteckende Krankheiten besonders anfällig.

Schadensbilanz des Dreißigjährigen Krieges

Die Kurpfalz gehörte zu den am stärksten verheerten Gebieten des Reiches. Auf allerdings nicht sehr zuverlässiger statistischer Grundlage hat man die Bevölkerungsverluste im Oberrheingebiet auf 60 bis 70 Prozent geschätzt. In absoluten Zahlen ist dies nur annähernd auszudrücken: 1675 lag die Einwohnerzahl der Rheinpfalz bei etwa 70.000 Menschen, was nicht einmal 40 Prozent der Bevölkerung des Jahres 1577 entsprach. Berücksichtigt man das natürliche Bevölkerungswachstum, so dürfte eine Gesamtzahl von mehr als 150.000 durch Kriegseinwirkung gestorbenen oder aus der Kurpfalz geflohenen Personen nicht zu hoch angesetzt sein. Andere Befunde über die Situation nach 1648 bestätigen das Bild eines zerstörten und entvölkerten Landes: Im Oberamt Kaiserslautern zum Beispiel sind von 62 Dörfern 30 während des Krieges untergegangen; von den 1618 existierenden Siedlungen waren noch im Jahr 1684 zehn nicht wieder aufgebaut. Die Bevölkerung ging im Oberamt von ca. 4.200 Einwohnern vor dem Krieg auf etwa 500 zurück, was einen Verlust von 84 Prozent bedeutete. Die Amtsstadt Kaiserslautern selbst hatte 1618 etwa 3.200 Einwohner, 1635 gerade noch 200 - ein Bevölkerungsverlust von über 90 Prozent. Mannheim wurde im Krieg total zerstört. Über die Zahl der zerstörten Häuser, verwüsteten Äcker und vernichteten Weinberge liegen keine brauchbaren Angaben vor, doch wird man auch hier von hohen Schäden auszugehen haben. Zu den materiellen Zerstörungen und Verlusten an Menschenleben kam eine exorbitante Verschuldung des Staates.

Wiederaufbaupolitik Karl Ludwigs

In dieser Lage kam es für den Kurfürsten Karl Ludwig (1649-1680) besonders darauf an, alle Kräfte auf den Wiederaufbau des Landes zu konzentrieren und die zerrütteten Staatsfinanzen zu sanieren. Eine gewisse finanzielle Erleichterung brachte zwar die im Westfälischen Frieden festgelegte Auslösung des zum Amt Starkenburg gehörenden Teils der Bergstraße für 100.000 Gulden durch Kurmainz, doch wog der kurzfristige finanzielle Gewinn den langfristigen Schaden des Verlusts dieser wichtigen Gebiete vor den Toren Heidelbergs nicht auf.

In Artikel IV,7 IPO wurde dem Kurfürsten von Mainz das Recht zugestanden, die 1463 an die Kurpfalz verpfändeten Orte an der Bergstraße gegen Erlegung der Pfandsumme wieder auszulösen. Zu klären blieb der genaue Umfang des Mainzer Pfands sowie die Höhe der Pfandsumme. 1650 einigten sich Kurpfalz und Kurmainz im **Bergsträßer Rezess** darauf, dass Kurmainz gegen 100.000 Gulden das Amt Starkenburg (mit Heppenheim und Bensheim) sowie die Vogtei über das Kloster Lorsch zurückerhielt. Das ebenfalls als Mainzer Pfand zur Kurpfalz gekommene Amt Schauenburg (Handschuhsheim, Dossenheim und Seckenheim) wurde nicht zurückgegeben, doch sollte den Katholiken neben den Reformierten die öffentliche Religionsausübung zustehen. Deshalb wurde hier der Simultangebrauch der Kirchen angeordnet.

Im Linksrheinischen weigerten sich die Spanier bis 1652, aus der Festung Frankenthal abzuziehen. Ein weiteres Problem war die Existenz des Nebenlandes Simmern-Lautern, wo Karl Ludwigs Onkel Ludwig Philipp restituiert worden war (siehe Stammtafel 3, S. 204). Das Problem löste sich allerdings schrittweise, weil nach dem Tod Ludwig Philipps vereinbarungsgemäß zuerst Kaiserslautern an die Kurpfalz zurückfiel und nach dem Tod seines Sohnes Ludwig Heinrich Philipp auch Simmern selbst. 1673 war die letzte Landesteilung der kurpfälzischen Geschichte überwunden.

Angesichts der demographischen Katastrophe bemühte sich Karl Ludwig, Zuwanderung aus dem Reich und aus dem Ausland zu fördern. Zwischen 1651 und 1661 ergingen viermal Aufforderungen an die Untertanen, die während des Krieges das Land verlassen hatten, zurückzukommen, sonst drohte ihnen der Verlust ihrer Güter. Besonderen Erfolg hatten die Aufrufe nicht.

Größeren Erfolg versprach die Gewährung besonderer Privilegien, etwa Steuerfreiheit oder Prämien für den Wiederaufbau von Häusern. Auf diese Weise ist es gelungen, für Mannheim eine erhebliche Zahl von Menschen anzuwerben, die vor allem aus den Niederlanden zuzogen und die Stadt wieder aufbauten. In diesen Zusammenhang gehört auch die Wiederzulassung der Juden in der Pfalz und die Öffnung für religiöse Gruppen, die bisher ausgeschlossen gewesen waren. Die Gewährung von religiöser Toleranz erwies sich als ein ausgesprochen starkes Lockmittel. Hutterer aus Mähren, polnische Sozinianer, englische Sabbatarier und Schweizer Mennoniten kamen nun ins Land. Neben den französischen Hugenotten spielten Schweizer Zuwanderer eine Hauptrolle. Sie ließen sich in größerer Zahl im Heidelberger Raum nieder, besonders in Schriesheim, Neuenheim und Handschuhsheim. Aber auch Lutheraner und Katholiken aus Österreich und den spanischen Niederlanden kamen in die Pfalz.

Dies hatte zur Folge, dass die Kurpfalz nach 1648 konfessionell nicht mehr einheitlich war, obgleich die Reformierten nach wie vor die Mehrheitskonfession stellten. Der reformierte Kirchenrat wurde wieder eingerichtet, aber Karl Ludwig übte Toleranz den anderen Konfessionen gegenüber. Den Heidelberger Lutheranern schenkte er einen Teil des Herrengartens, damit sie sich eine Kirche – die Providenzkirche – bauen konnten, und in Mannheim erhielt die vom Kurfürsten gestiftete Eintrachtskirche einen für seine Religionspolitik programmatischen Namen. Auch auf anderen Gebieten änderte sich mit den Einwanderern vieles. In der Landwirtschaft zum Beispiel wurden neue Pflanzen wie Mais, Tabak, Kartoffeln oder Hopfen eingeführt, die die Zugezogenen aus ihrer Heimat kannten.

Neben territorialer Konsolidierung und Wiederbevölkerung stand die finanzielle Konsolidierung im Mittelpunkt der Politik Karl Ludwigs. Da die Kurpfalz im Spannungsfeld des habsburgisch-französischen Konflikts lag, war eine militärische Sicherung des Landes erforderlich. Dies unterhöhlte von Anfang an alle Bemühungen um eine Sanierung der Finanzen. Karl Ludwig unterhielt ein stehendes Heer von am Ende 8.000 Mann, das zusammen mit den Ausgaben für den Wiederaufbau der Festungen ungefähr die Hälfte der Staatseinnahmen verschlang. Die Kriegsbereitschaft und die tatsächlich geführten Kriege unterliefen alle Bemühungen um Ausgabendisziplin. Als Finanzpolitiker versuchte Karl Ludwig durchaus, neue Wege zu gehen. Ein Kennzeichen seiner Politik war rigorose Sparsamkeit. Auch gegenüber seinen zahlreichen Geschwistern war er so geizig, dass das Verhältnis wegen finanzieller Streitigkeiten belastet war. Betroffen war auch seine Mutter Elizabeth Stuart, der er die Rückkehr in die Pfalz verwehrte, um sich keine zusätzlichen finanziellen Verpflichtungen aufzuladen. Elizabeth siedelte deshalb nach England über, wo sie 1662 starb.

So sparsam er war, so findig war Karl Ludwig bei der Erschließung neuer Geldquellen. Gleich zu Beginn seiner Regierung erhielt er vom Kaiser ein Spezialindult, das die Rückzahlung von Schulden und Zinsen erleichterte. Neben der alten Schatzung wurden zunehmend auch indirekte Steuern auf Wein, Bier, Fleisch und Mehl sowie eine einträgliche Stempelsteuer eingeführt. Die Haupteinnahmequelle blieben die Zölle. Insgesamt wurde darauf geachtet, die Untertanen möglichst vollständig und gerecht zu besteuern. Es ist Karl Ludwig tatsächlich gelungen, einen Teil seiner Schulden zu tilgen. In der Verwaltung wurde ebenfalls zunehmend auf Effizienz geachtet. Karl Ludwig verdiente sich mit seiner Innenpolitik also durchaus den Ruf eines modernen und aufgeschlossenen Herrschers. Allerdings haben die äußeren Konflikte, in die er die Pfalz verwickelte, seine moderne und partiell erfolgreiche Wiederaufbaupolitik gefährdet.

Außenpolitik nach 1648

Der Gegensatz zwischen Frankreich und Habsburg bestand auch nach dem Westfälischen Frieden fort. Obwohl der französische König Ludwig XIV. in Spanien seinen eigentlichen Gegner sah, versuchte er, auf das Reich Einfluss zu nehmen, um die Position des Kaisers als möglichen Verbündeten der Spanier zu schwächen. 1658 brachte Frankreich einen Rheinbund zustande, dem sich viele deutsche Fürsten anschlossen in der Hoffnung, auf diese Weise die deutschen Habsburger zu hindern, den spanischen Vettern gegen Frankreich beizuspringen und so das Reich wieder in einen großen Krieg hineinzuziehen. Dieser Rheinbund war Teil der französischen Strategie, das Streben nach einer habsburgischen Universalmonarchie zu bekämpfen und in längerer Perspektive eine eigene Hegemonialstellung aufzubauen.

Nach den Maßstäben der Zeit zeichneten Ruhm und territoriale Ausdehnung einen tüchtigen Fürsten aus. Von Ludwig XIV. stammt der Ausspruch: »Sich zu vergrößern ist die würdigste und angemessenste Beschäftigung der Herrscher«. Unter dem Kriegsminister François Michel de Louvois wurde die französische Armee reorganisiert. Kriegführung war künftig Sache des französischen Staates, der dafür sorgte, dass seine Truppen gut versorgt wurden, der Magazine und Festungen anlegte, die die Grenzen sichern sollten, von denen aus man aber auch ins Feindesland vordringen konnte. Im Krieg versuchte man dann, das eigene Heer möglichst zu schonen, Schlachten zu vermeiden und das besetzte Gebiet auszubeuten und zu entfestigen.

Mit diesem Ziel führte Ludwig XIV. seit 1667 zahlreiche Kriege wie den Devolutionskrieg (1667/68), mit dem er die spanischen Niederlande, die in etwa dem heutigen Belgien entsprachen, in seine Hand bringen wollte, der am Ende aber nur bescheidene territoriale Gewinne eintrug. Für Frankreich erfolgreicher verlief der Holländische Krieg (1672-1678/79), der im Frieden von Nimwegen auf Kosten Spaniens erhebliche Gebietsgewinne einbrachte, vor allem die Freigrafschaft Burgund um Besançon und einige Städte in den spanischen Niederlanden.

Karl Ludwig von der Pfalz betrieb eine vorsichtige, aber im Prinzip wohlwollende Politik gegenüber Frankreich. 1657 kam ein Freundschaftsvertrag zustande, in dem man sich gegenseitig die Beibehaltung des Status quo zusicherte und in dem der Kurfürst Unterstützung für die französische Politik im Reich versprach. Als Gegenleistung erhielt er erhebliche Geldzusagen. Dies brachte ihn in eine Abhängigkeit von Frankreich, die er durch eine Schaukelpolitik zu mildern versuchte. Als etwa 1658 die Wahl Kaiser Leopolds I. anstand, verlangte Ludwig XIV. von der Kurpfalz die Unterstützung eines französischen Kandidaten. Karl Ludwig hat sich diesem Begehren zwar geschickt entzogen, immerhin wurde in der Wahlkapitulation aber festgelegt, dass sich der Kaiser nicht in den französisch-spanischen Krieg einmischen durfte. Dem Rheinbund ist Karl Ludwig nicht beigetreten, auch versuchte er, die Abhängigkeit von Frankreich wieder zu lockern. 1660 lief der Freundschaftsvertrag aus. Ein gutes Verhältnis zu Frankreich war für die Kurpfalz allerdings weiterhin von Nutzen, da Karl Ludwig im Rahmen seiner Wiederaufbaupolitik die alten kurpfälzischen Rechte wie das Wildfangrecht, die Bastardfälle und das Hagestolzenrecht auf Kosten seiner territorialen Nachbarn wiederaufleben lassen wollte. Daraus ergaben sich zahlreiche Konflikte, in denen Frankreich als Vermittler auftreten konnte. Auch wenn der Pfälzer seine Ansprüche im Prinzip behauptete, waren die Auseinandersetzungen kostspielig und zerrütteten das Verhältnis zu den Nachbarn.

Die politischen Kontakte zwischen Frankreich und der Kurpfalz mündeten um 1670 in eine Heiratsverbindung. Karl Lud-

Der Anspruch auf Herrschaft über Personen in einem Raum, der das eigene Territorium überstieg, war schon im Spätmittelalter von der Kurpfalz zur Ausdehnung des eigenen Einflussbereichs eingesetzt worden. Nach dem Dreißigjährigen Krieg beanspruchte die Pfalz alle Personen, die ohne eigenen Herrn in diesen Raum zuzogen **(Wildfänge)**, und alle unehelich Geborenen **(Bastarde)** als Leibeigene, ebenso das Erbe aller verstorbenen Unverheirateten **(Hagestolze)**. Diese Ansprüche, die angesichts der Zuwanderung in die Oberrheinlande von großer Bedeutung waren, führten zu langwierigen Auseinandersetzungen vor allem mit Mainz und Worms, aber auch mit Lothringen, Trier und Speyer.

wig war mit Charlotte von Hessen-Kassel verheiratet, mit der er zwei Kinder hatte: den kränklichen Karl und die vitale Elisabeth Charlotte, die Liselotte genannt wurde (Abb. 21). Weil seine Ehe schon früh zerrüttet war, ging Karl Ludwig eine Nebenverbindung mit einer Hofdame der Kurfürstin ein, der lutherischen Luise von Degenfeld, mit der er weitere acht Kinder zeugte. Sie zu legitimieren, ist ihm aber nicht gelungen, weil seine erste Frau sich weigerte, in eine Scheidung einzuwilligen. Die Nachfolge in der Kurpfalz ruhte also auf dem einzigen Sohn Karl.

Die französischen Bemühungen konzentrierten sich auf Karl Ludwigs einzige legitime Tochter Liselotte, die dem verwitweten Bruder Ludwigs XIV. zur Frau gegeben werden sollte. Für die Kurpfalz war dies ein an sich verlockendes und ehrenvolles Projekt, von dem man sich politische Vorteile versprechen konnte. Allerdings gab es einige praktische Probleme, nicht zuletzt die Konfessionsfrage, die erst im Sinne Frankreichs geklärt werden musste. Karl Ludwig stellte es seiner Tochter zwar formal frei, ob sie zum Katholizismus konvertieren wollte, tatsächlich blieb

Abb. 21: Liselotte von der Pfalz (1652–1722)

Liselotte aus Pflichtgefühl kaum eine andere Wahl. Sie erhielt Konvertitenunterricht, trat zum Katholizismus über und wurde 1671 mit dem Herzog von Orléans vermählt. Im Ehevertrag verzichtete sie auf alle Rechte der Nachfolge für alle Herrschafts- und Lehnsgüter in Deutschland, unter Vorbehalt ihrer Rechte auf Güter gleicher Eigenschaft außerhalb Deutschlands und ihrer Rechte auf die Allodialgüter ihres Hauses. Diese auslegungsfähigen Formeln hatte die französische Diplomatie mit Bedacht gewählt, wobei sich als besondere Fußangel der Begriff des Allodialguts erwies, der nicht klar definiert war.

Liselotte von der Pfalz (1652–1722) wuchs wegen der zerrütteten Ehe ihrer Eltern bei ihrer Tante Sophie von Hannover auf. Ihre Ehe mit Philipp von Orléans war unglücklich. Nach der Geburt des dritten Kindes lebte sie getrennt von ihrem Mann und musste zusehen, wie Ludwig XIV. sich für seine aggressive Politik gegen ihre pfälzische Heimat auf ihren angeblichen Erbanspruch berief. Sie hinterließ eine umfangreiche Korrespondenz, die eine wichtige Quelle zum Leben am Hof des Sonnenkönigs darstellt.

Französische Reunionspolitik

Dass die enge Anlehnung an Frankreich für die Pfalz nicht nur Vorteile, sondern auch eine Belastung bedeutete, wurde klar, als im Jahr nach der Eheschließung der Holländische Krieg ausbrach und Ludwig XIV. vom Pfälzer Kurfürsten verlangte, auf seiner Seite in den Krieg einzutreten. Dies brachte Karl Ludwig in eine schwierige Lage, musste er sich jetzt doch zwischen dem Kaiser und Frankreich entscheiden; offiziell erklärte er sich für neutral. 1674 überschritten französische Truppen unter Henri de Turenne den Rhein. 25 Jahre nach dem Ende des Dreißigjährigen Krieges war für die Pfalz die Friedenszeit schon wieder vorbei.

Turennes Truppen verheerten das Land und die angrenzenden Gebiete, bei Sinsheim und Sasbach in der Ortenau, wo Turenne den Tod fand, wurden größere Schlachten geschlagen. In diesen Auseinandersetzungen zeigte sich deutlich, dass die profranzösische Politik Karl Ludwigs die Pfalz nicht aus den Auseinandersetzungen heraushielt, sondern sie im Gegenteil in das Zentrum der Expansionspolitik Ludwigs XIV. rückte.

1679 wurde eine neue Phase der französischen Außenpolitik eingeleitet, die Reunionspolitik, die darauf abzielte, solche Gebiete dem französischen Staat einzuverleiben, auf die Frankreich einen wie auch immer gearteten Rechtsanspruch glaubte anmelden zu können. Diese Politik richtete sich vor allem gegen das deutsch-französische Grenzgebiet und damit auch gegen die linksrheinische Pfalz.

Der Begriff **Reunionen** war ein Propagandabegriff, der unterstellte, dass Ludwig XIV. lediglich ehemals französisches Gebiet wieder mit Frankreich vereinigte, eben reunierte. Tatsächlich handelte es sich um Gebiete, die niemals französisch gewesen waren. In Metz, Besançon, Breisach und Tournai wurden Reunionskammern eingerichtet, die die Aufgabe hatten, eine rechtliche Begründung für die Annexionen zu liefern. Die Formulierung des französischen Anspruchs und die militärische Besetzung des Beanspruchten gingen Hand in Hand. Als rechtliche Anknüpfungspunkte dienten vor allem der Vertrag von Chambord (1552), in dem die Hochstifte Metz, Toul und Verdun von den schmalkaldischen Fürsten an Frankreich übergeben worden waren, und der Westfälische Frieden, in dem Frankreich mit Rechten im Elsass entschädigt worden war. In beiden Fällen war der Umfang des Abgetretenen strittig, was den französischen Juristen ein Feld für exzessive Ansprüche eröffnete.

Bis 1681 wurden auf diesem Weg an Frankreich angeschlossen: der überwiegende Teil der linksrheinischen Pfalz und kleinerer Herrschaften in diesem Raum, grafschaftliche Gebiete am Mittelrhein, Reichsstädte und Reichsritterschaften im Elsass, Luxemburg sowie Teile der spanischen Niederlande. 1681 erreichte die Reunionspolitik ihren Höhepunkt mit der Annexion der Reichsstadt Straßburg, für die es nicht die geringste rechtliche Grundlage gab. Ziel der französischen Politik war offenbar die Rheingrenze und darüber hinaus die Sicherung auch des rechtsrheinischen Vorfelds. Das Reich setzte sich gegen diese gewaltsame Politik kaum zur Wehr, sondern anerkannte 1684 im Regensburger Stillstand die bis 1681 vorgenommenen Reunionen auf 20 Jahre.

Mitte der 1680er Jahre war der Höhepunkt der französischen Machtstellung erreicht. Wenn sich die Situation im Folgenden zu drehen begann, hatte dies mehrere Gründe: Die Erfolge des Kaisers gegen die Türken vor Wien 1683 und der damit eingeleitete Wiederaufstieg der kaiserlichen Macht, der Prestigegewinn und die militärische Erfahrung, die man gegen die Türken gesammelt hatte, stärkten nun auch die kaiserliche Position gegen Frankreich. Auch im europäischen Kontext verschob sich die Lage zuungunsten Frankreichs, weil sich die Gegner Ludwigs XIV. erstmals entschlossen zusammentaten und 1686 die Augsburger Liga abschlossen, der neben dem Kaiser auch Spanien, Schweden, die Niederlande und mehrere Reichsstände beitraten. Ludwig XIV. brachte durch seine Politik ganz Europa gegen sich auf. Dazu trug auch bei, dass er 1685 das Toleranzedikt von Nantes aufhob und damit nicht nur zahlreiche Hugenotten ins Exil zwang, sondern auch die protestantischen Staaten Europas brüskierte.

Dynastiewechsel 1685 und Pfälzischer Erbfolgekrieg

Vor diesem Hintergrund ist die dritte neuzeitliche Katastrophe der pfälzischen Geschichte zu betrachten, der Pfälzische Erbfolgekrieg, der auch als Orléansscher Krieg oder Neunjähriger Krieg bezeichnet wird. Als Karl Ludwig 1680 starb, folgte ihm sein Sohn Karl, der politisch gänzlich unerfahren und außerdem von schwacher Gesundheit war. Karl II. war eine Gestalt des Übergangs, der Akzente vor allem dadurch setzte, dass er sich von der indifferenten konfessionellen Haltung seines Vaters distanzierte und zu einer strikt reformierten Politik in der Nachfolge eines Friedrich III. zurückkehrte. Er öffnete die Pfalz erneut für Glaubensflüchtlinge, Waldenser aus dem Alpengebiet und Hugenotten, die vor der gegenreformatorischen Politik Ludwigs XIV. flohen. Für sie wurde zwischen Seckenheim und Edingen ein neues Dorf angelegt, Friedrichsfeld. Deshalb ging man rechtzeitig daran, den reformierten Status der Kurpfalz abzusichern, denn Karl II. war der letzte Vertreter der Linie Pfalz-Simmern (siehe Stammtafel 3, S. 204), die seit Friedrich III. in der Kurpfalz regiert hatte. In der Erbfolge am nächsten stand die Linie Pfalz-Neuburg, die seit dem Beginn des 17. Jahrhunderts aber katholisch war (Stammtafel 4, S. 205).

Der letzte lutherische Fürst der Linie Pfalz-Neuburg war Philipp Ludwig (1569–1614), der mit Anna von Jülich-Kleve-Berg, einer Schwester des kinderlosen, 1609 gestorbenen Herzogs Johann Wilhelm von Jülich-Kleve-Berg, verheiratet war. Deren Sohn Wolfgang Wilhelm (1614–1653) konvertierte während des **Jülich-Klevischen Erbfolgestreits** zum Katholizismus, um die Unterstützung des Kaisers und der katholischen Stände bei der Durchsetzung seines Erbanspruchs in den niederrheinischen

Herzogtümern zu erhalten. Diese Strategie führte 1614 im Xantener Vergleich zu einem partiellen Erfolg, als mit Jülich und Berg ein Teil des Erbes an Pfalz-Neuburg kam, während Kleve, Mark und Ravensberg an Kurbrandenburg fielen.

Um den reformierten Konfessionsstatus des Landes über den Dynastiewechsel hinaus abzusichern, wurde lange verhandelt. Das Ergebnis war der Schwäbisch Haller Rezess von 1685, in dem festgelegt wurde, wie beim Herrschaftsantritt der katholischen Neuburger verfahren werden sollte: Die konfessionellen Regelungen des Westfälischen Friedens wurden bestätigt, die Stellung der reformierten Pfarrer, Lehrer und des Kirchenrats wurde garantiert. Aber die Beamtenstellen wurden auch für Katholiken geöffnet, ebenso die Heidelberger Universität, wo lediglich die Theologische Fakultät ausschließlich reformiert besetzt bleiben sollte. Der todkranke Karl II. konnte diesen Rezess nicht mehr unterschreiben. Als nach seinem Tod 1685 die Neuburger Linie mit Philipp Wilhelm (1685-1690) nachfolgte, gab es außer dem Westfälischen Frieden keine verbindliche Regelung für die Konfessionsverhältnisse.

Für die Kurpfalz bedeutete der Dynastiewechsel einen tiefen Einschnitt. Durch die Verbindung mit Pfalz-Neuburg, das seinen niederrheinischen Landesteil Jülich-Berg mit der Hauptstadt Düsseldorf einbrachte, geriet die Kurpfalz in eine neue territoriale Konstellation. Darüber hinaus begann nicht nur in der Konfessionspolitik, sondern auch in der Außenpolitik eine neue Epoche, denn die katholischen Neuburger Kurfürsten standen fest an der Seite des Kaisers.

Für Ludwig XIV. bot dies einen weiteren Anlass, aus seiner sich zunehmend verschlechternden Situation auszubrechen und in die Offensive zu gehen. Am 24. September 1688 verbreitete er ein **Manifest**, in dem er noch einmal seine Friedensbereitschaft betonte, zugleich aber dem Kaiser und dem Pfälzer Kurfürsten vorwarf, sie schürten den Krieg gegen Frankreich. Er verlangte ultimativ bis Januar 1689, dass seine Bedingungen erfüllt werden mussten, darunter die Anerkennung der Erbansprüche der Liselotte und die definitive Anerkennung der Reunionen. Andernfalls wollte Ludwig XIV. die Kurpfalz angreifen, was er sogleich und ohne das Ende des Ultimatums abzuwarten in die Tat umsetzte.

Die Motive des französischen Königs zu klären, ist nicht leicht. Er handelte offenbar aus der Einsicht, dass weiteres Zuwarten nicht ihm, sondern seinen Gegnern nützen würde und dass er schnell die Gelegenheit ergreifen musste, um die Gewinne der Vergangenheit zu sichern. Ludwig XIV. wollte den Frieden sichern, indem er Krieg führte, er wollte die französische Hegemonie befestigen, indem er das Vorfeld eroberte, um es je nach Konjunktur später zurückzugeben oder zu behalten. Sicher dachte er an einen schnellen Feldzug, aus dem sich aber ein neunjähriger Krieg entwickelte. Der Anspruch auf das Erbe der Liselotte spielte in der Begründung nur noch eine Nebenrolle. Frankreich hatte diesen Erbanspruch zuletzt immer weiter hinaufgeschraubt und unter Allodien nicht nur den Privatbesitz der Liselotte wie Möbel und Bilder verstanden, sondern auch große Teile des kurpfälzischen Territoriums. Die Mobilien hatten die Pfälzer rasch herausgegeben. Sie wurden zum Teil in Heidelberg versteigert, zum Teil nach Frankreich geschafft. Liselotte sah davon nichts, weil ihr Mann das Geld sogleich durchbrachte.

Noch 1688 eröffnete Frankreich den Krieg und fand den Gegner völlig unvorbereitet. Die kleine Armee der Pfalz war der französischen nicht gewachsen. Innerhalb weniger Wochen war das gesamte linksrheinische Gebiet bis an den Niederrhein mit wenigen Ausnahmen erobert, ebenso die rechtsrheinische Pfalz mit Mannheim und Heidelberg und der Oberrheingraben mit seinem Hinterland. In Heidelberg, Pforzheim und Heilbronn legten die Franzosen Magazine an, von hier aus unternahmen sie Plünderungszüge durch die Pfalz, Baden und Württemberg bis hinein nach Franken. Erst gegen Jahresende formierten sich die Truppen des Reiches, die teilweise von der Türkenfront herangeführt werden mussten; die französischen Truppen auf dem rechten Rheinufer wurden langsam nach Westen abgedrängt. Bei ihrem Rückzug zerstörten sie die Pfalz. Die systematischen und in ihrer Radikalität neuartigen Verwüstungen unterliefen nicht im Eifer des Gefechts, sondern gingen auf einen schon im Herbst 1688 formulierten Zerstörungsplan des Generalquartiermeisters Chamlay zurück. Er hatte die Zerstörung von pfälzischen Städten vorgeschlagen und am Ende an den König mit den Worten appelliert: »Zerstören Sie, demolieren Sie und setzen Sie sich dadurch in den Stand, die unbedingten Herrn des Rheins zu sein, so dass das Land der vier rheinischen Kurfürsten die erste Beute ihrer Truppen wird, wenn es wieder Krieg gibt.« Es ging also um mehr als den aktuellen Krieg, es ging um die Schaffung eines auf Dauer entmilitarisierten und damit von Frankreich abhängigen Vorfeldes. Von der Entfestigung des Landes zur Totalzerstörung war es nur ein kleiner Schritt. Durch Terror gegen die Bevölkerung und Zerstörung von Wäldern, Gärten und Weinbergen sollte das Land auf Dauer unbrauchbar gemacht werden.

Für die Ausführung zuständig war der französische Kriegsminister Louvois, traurige Berühmtheit für seine Brutalität erlangte der General Ezéchiel de Mélac, der im Rechtsrheinischen besonders übel wütete. Die Franzosen gingen mit zuvor nicht gekannter Konsequenz vor: Seit Ende Januar 1689 wurde die Pfalz systematisch niedergebrannt. Heidelberg entging damals der Totalzerstörung nur durch das Entgegenkommen des französischen Kommandanten. Aber ein Teil der Stadt ging in Flammen auf, und die Stadtmauer, die Alte Brücke und Teile der Schlossbefestigung wurden gesprengt. Mannheim wurde dem Erdboden gleichgemacht, die Einwohner vertrieben unter strengstem Verbot, jemals zurückzukommen. Die alten Bischofs- und Reichsstädte Speyer und Worms wurden weitgehend vernichtet, in Speyer wurden die Kaisergräber geschändet. Von Heidelberg und Mannheim aus zogen die französischen Truppen den Oberrhein hinauf und verwüsteten den Kraichgau mit Bruchsal und Bretten, danach Durlach, Ettlingen, Bühl, Rastatt und Offenburg. Im Linksrheinischen war es wieder Mélac, der 1689 für die planmäßigen Zerstörungen sorgte: Kreuznach, Alzey, Oppenheim, Frankenthal, Burgen, Schlösser und Dörfer fielen seinen Truppen zum Opfer. Das Ergebnis war verheerend: Unterscheiden lassen sich ein Totalzerstörungsgebiet um Heidelberg und Mannheim, ein Teilzerstörungsgebiet, das auf dem rechten Rheinufer südlich von Heidelberg bis Lahr reichte, linksrheinisch nördlich von Speyer bis an die Mosel, und ein Streuzerstörungsgebiet, das sich bis weit in das Rheinland und nach Schwaben und Franken hinein erstreckte.

Auch nach 1689 kam es immer wieder zu Kampfhandlungen im Pfälzer Raum, vor allem 1692/93. 1693 fiel Heidelberg erneut in französische Hand. Jetzt wurde zu Ende gebracht, was bei der ersten Zerstörung versäumt worden war (Abb. 22). Schon bei der Erstürmung wurde ein erheblicher Teil der Stadt zerstört, noch mehr beim Rückzug, als Heidelberg fast vollständig abbrannte; das Haus Ritter am Markt blieb stehen. Die Zerstörung des Schlosses wurde jetzt systematischer in Angriff genommen.

Heidelberg blieb bis zum Friedensschluss ein Trümmerfeld. Während die linksrheinische Pfalz bis zum Frieden in französi-

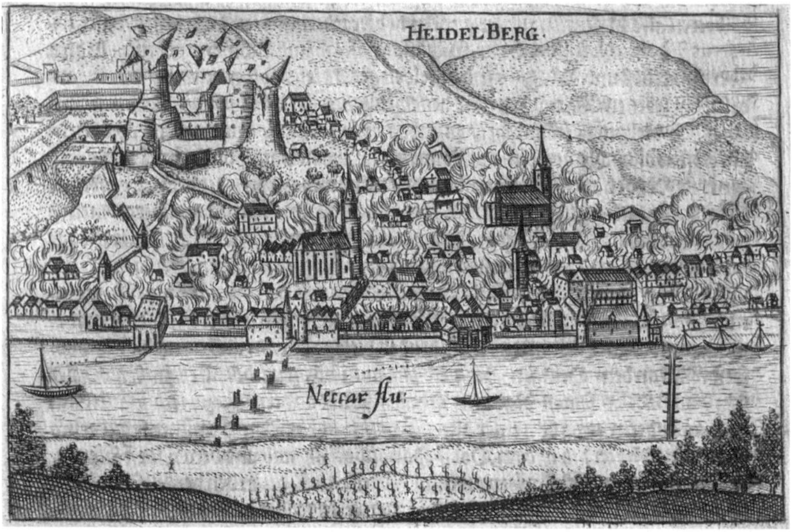

Abb. 22: Zerstörung Heidelbergs 1693

scher Hand blieb, sorgte im Rechtsrheinischen die Reichsarmee unter dem Markgrafen Ludwig Wilhelm von Baden, dem sogenannten Türkenlouis, dafür, dass die Franzosen nicht wieder Fuß fassen konnten. Im Frieden von Rijswijk (1697) trug Frankreich relativ geringe Erfolge aus diesem Krieg davon. Die Reunionen im Elsass (einschließlich Straßburgs) wurden anerkannt, alles andere, also auch die pfälzischen Gebiete, musste zurückgegeben werden, allerdings ohne jede Entschädigung. Der Streit um das Erbe der Elisabeth Charlotte sollte durch einen päpstlichen Schiedsspruch beigelegt werden: 1702 fand Kurpfalz den Herzog von Orléans durch eine Geldzahlung ab. Die Folgen waren weitreichend: Das deutsch-französische Verhältnis war auf Dauer vergiftet, Pfalzzerstörung und Heidelberger Schlossruine galten lange als Symbole der antideutschen Politik Frankreichs. Darüber hinaus hatte die Pfalzzerstörung massive materielle Folgen. Was seit dem Dreißigjährigen Krieg wieder aufgebaut worden war, war zerstört. Die Kurpfalz stand 1697 kaum besser da als 1648. Zwar waren die Verluste an Menschenleben geringer, die materiellen Schäden aber eher höher als 1648. Städte und Dörfer, Äcker und Weinberge waren weitgehend vernichtet. Die Bevölkerungsverluste durch Tod oder Flucht betrugen teilweise bis zu 50 Prozent. Aufrufe der Kurfürsten zur Rückkehr, wie sie es schon nach dem Dreißigjährigen Krieg gegeben hatte, hatten unter diesen Umständen wenig Aussicht auf Erfolg.

Auf die Zerstörung Heidelbergs ließ Ludwig XIV. eine Gedenkmünze prägen, auf der die Aufschrift »Heidelberga deleta« zu lesen war (Abb. 23). Die klagende Stadtgöttin stützt sich hier auf einen geborstenen Wappenschild mit dem Heidelberger Löwen, zu ihren Füßen die abgelegte Mauerkrone und der trauernde Flussgott Neckar.

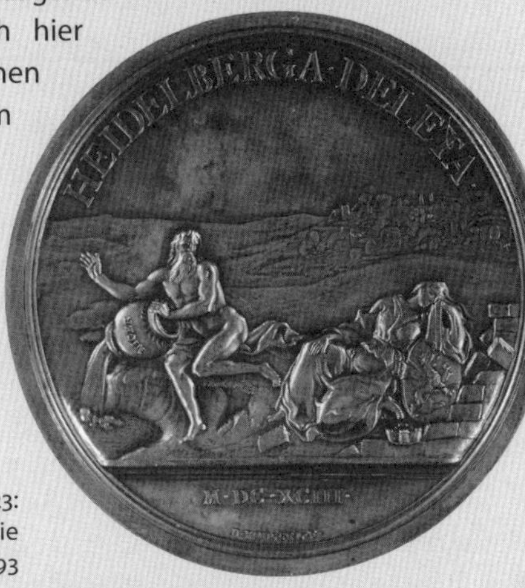

Abb. 23: Gedenkmünze auf die Zerstörung Heidelbergs 1693

Die Konfessionsproblematik nach 1697

Der bald nach dem Regierungsantritt der katholischen Neuburger Linie ausbrechende Erbfolgekrieg überdeckte zunächst, welche Bedeutung der Dynastiewechsel von 1685 für die Pfalz hatte. Philipp Wilhelm, der erste katholische Kurfürst, agierte vorsichtig und verpflichtete sich selbst auf den Schwäbisch Hallischen Rezess. Doch sein Sohn Johann Wilhelm (1690-1716), der ihm mitten im Krieg nachfolgte, ging zu einer gegenreformatorischen Politik über. Schon unter Karl Ludwig war die Kurpfalz kein konfessionell einheitliches Land mehr gewesen, sondern hatte konfessionelle Minderheiten toleriert, darunter Lutheraner und Katholiken als größere Gruppen. Für sie alle galt allerdings der Pfarrzwang für Kasualien wie Taufen oder Eheschließungen, die vom reformierten Pfarrer vorgenommen werden mussten, wenn man nicht in benachbartes Territorium auslaufen konnte. Auch in konfessioneller Hinsicht war der Pfälzische Erbfolgekrieg ein wichtiger Einschnitt, weil Frankreich in den besetzten und reunierten Gebieten eine Rekatholisierungspolitik betrieb, ganz besonders nachdrücklich im Amt Germersheim. Hier wurden katholische Pfarreien errichtet, die evangelischen Kirchen für katholischen Gottesdienst geöffnet, das Kirchengut zur Hälfte den Katholiken übergeben. Für Mischehen wurde katholische Kindererziehung vorgeschrieben, Konversionen wurden materiell belohnt. Im Amt Germersheim führte dies dazu, dass die Zahl der evangelischen Pfarrer von 50 im Jahr 1675 auf drei im Jahr 1688 zurückging.

Seit 1648 tangierte der Übergang eines Landes an einen Fürsten mit anderer als der Mehrheitskonfession die bestehenden Verhältnisse nur noch partiell, da der Zustand des Normaljahrs durch den Westfälischen Frieden abgesichert war. Doch war die Situation in der Kurpfalz aus mehreren Gründen besonders prekär für die reformierte Mehrheit. Es gab keine Landstände, die das Reformiertentum gegenüber dem Landesherrn hätten schützen können, und die konfessionellen Bestimmungen des Westfälischen Friedens waren im kurpfälzischen Fall auslegungsfähig, weil man vom Normaljahr 1624 abgewichen war und den Konfessionsstand auf die Zeit »vor den böhmischen Unruhen« festgelegt hatte. Die gegenreformatorische Auslegung konnte behaupten, dass damit nicht der Zustand von 1618, sondern gar kein bestimmter Konfessionsstand festgeschrieben worden sei. Der Schwäbisch Haller Rezess war außerdem nicht unterschrieben worden und fiel als sichere Rechtsgrundlage aus.

Im Frieden von Rijswijk, mit dem der Erbfolgekrieg beendet wurde, versuchte Frankreich, seine Rekatholisierungspolitik in den kurpfälzischen Gebieten über die Zeit der Besetzung hinaus abzusichern. Kurfürst Johann Wilhelm hat in geheimer Absprache mit den Franzosen und vermutlich auch mit Billigung des Kaisers in Artikel 4 des Friedens einen Zusatz verankern lassen, wonach die Rückgabe der französisch besetzten Gebiete unter der Bedingung erfolge, dass dort der Katholizismus erhalten bleiben müsse: »Religione tamen Catholica Romana in locis sic restitutis in statu, quo nunc est, remanente« (wobei die römisch-katholische Religion an den Orten, die so zurückgegeben werden, in dem Zustand, in dem sie jetzt ist, bleiben muss). Diese Rijswijker Klausel ließ sich in der linksrheinischen Pfalz vorzüglich als Vorwand einsetzen, um eine Rechtsminderung der reformierten Kirche zu rechtfertigen und den Verstoß gegen die Bestimmungen des Westfälischen Friedens als französisches

Diktat hinzustellen, gegen das man angeblich nicht handeln konnte.

Auf dieser Grundlage betrieb Johann Wilhelm nach dem Ende des Erbfolgekrieges seine gegenreformatorische Politik. Im Oktober 1698 wurde per Erlass das Simultaneum an allen Orten eingeführt, in denen es eine katholische Gemeinde gab, die schon durch sechs Personen konstituiert wurde. Betroffen waren 200 reformierte und 40 lutherische Kirchen, wobei umgekehrt katholische Kirchen nicht unter das Simultaneum fielen. Die Kurpfalz wurde damit zum Land der Simultankirchen.

Simultaneum hieß im kurpfälzischen Fall, dass die evangelischen Kirchen zum gemeinsamen Gebrauch für die Katholiken geöffnet werden mussten, wobei die Art der gemeinsamen Nutzung variieren konnte. An der Bergstraße gab es Simultaneen schon seit dem Bergsträßer Rezess von 1650, wobei entweder unterschiedliche Gottesdienstzeiten vereinbart oder der Kirchenraum durch einen Vorhang oder ähnliches geteilt wurde. In den Simultankirchen des 18. Jahrhunderts war eine Trennmauer die Regel, die den Chor vom Kirchenschiff abteilte. Der Chor wurde den Katholiken, das Schiff den Evangelischen zugewiesen. Ein Beispiel für eine heute noch bestehende Simultankirche mit Trennmauer ist die Stadtkirche in Neustadt.

Ein Instrument der gegenreformatorischen Politik war auch die Begünstigung der Lutheraner, denen der Landesherr ein eigenes Konsistorium gab, um sie vom reformierten Kirchenrat unabhängig zu machen und so die Reformierten zu schwächen. 1699 wurde das gesamte Kirchengut, das bisher ausschließlich den Reformierten zugestanden hatte, der kurfürstlichen Verwaltung unterstellt. Diese Maßnahmen wurden begleitet von verstärkter Missionierungstätigkeit und allerlei diskriminierenden

Maßnahmen wie der Vorschrift, dass auch Nichtkatholiken bei Versehgängen und Prozessionen den Hut abnehmen und vor der Monstranz niederknien mussten. Den Reformierten blieb in ihrer Not kaum eine andere Wahl, als sich an auswärtige Fürsten um Hilfe zu wenden, wobei vor allem Kurbrandenburg die Rolle des Anwalts der Pfälzer Reformierten übernahm. In den Jahren um 1700 spitzte sich die Situation derart zu, dass der Kaiser eingriff und Johann Wilhelm zu einer gemäßigteren Haltung aufforderte. 1701 erging ein Religionsdekret, das einige Maßnahmen abmilderte - so sollten etwa Prozessionen künftig durch Glocken angekündigt werden, damit die Reformierten die Straßen meiden konnten -, aber nichts Grundsätzliches änderte.

Erst der Spanische Erbfolgekrieg (1701-1714) führte zu einer neuen Situation, aber nicht aus besserer Einsicht, sondern aus politischem Kalkül: Weil der Kurfürst von Bayern sich im Krieg auf die französische Seite schlug und dadurch in einen Gegensatz zum Kaiser geriet, sah Johann Wilhelm die Chance, bei einer eventuellen Reichsacht gegen Bayern die alte Pfälzer Kurwürde und die Oberpfalz zurückzubekommen und so die Verluste von 1648 wieder wettzumachen. Dazu benötigte er aber die Unterstützung der evangelischen Kurfürsten, die er durch konfessionelle Zugeständnisse im eigenen Land gewinnen musste. Dies führte zur Religionsdeklaration von 1705, die zum Grundgesetz für die kirchliche Organisation der Kurpfalz in den kommenden Jahrzehnten wurde. Die Gewissens- und Bekenntnisfreiheit der drei großen Konfessionen wurde garantiert, Zwangsmaßnahmen oder gegenseitige Beeinträchtigung ausgeschlossen. Die wichtigste Regelung betraf das Kirchengut, das nach im einzelnen sehr komplizierten Regeln zwischen Reformierten und Katholiken aufgeteilt wurde im Verhältnis fünf zu zwei. Die Lutheraner behielten ihr Konsistorium, wurden am Kirchengut aber nicht beteiligt. 1707, nach langwierigen Streitigkeiten über den Vollzug der Deklaration, gab es in der Kurpfalz 212 reformierte und 113 katholische Kirchen, dazu 130 Simultankirchen. Die Gegenreformation war damit zwar nicht beendet, ihre Methoden wurden im 18. Jahrhundert aber subtiler.

Die Kurpfalz im 18. Jahrhundert

Die Begünstigung der katholischen Minderheit, die nie mehr als 30 Prozent der Bevölkerung ausmachte, blieb während des gesamten 18. Jahrhunderts eine Konstante der Politik der Kurfürsten. Zahlreiche pfälzische Protestanten kehrten deshalb der Heimat den Rücken. Da der Aufbau der im Erbfolgekrieg zerstörten Städte überwiegend im barocken Stil erfolgte, wurde die Kurpfalz auch äußerlich einem katholischen Land ähnlicher. Noch heute zeugen viele Bauwerke von dem im gegenreformatorischen Geist erfolgten Wiederaufbau. In Heidelberg wurde für die schon 1686 zurückberufenen Jesuiten seit 1712 eine Barockkirche errichtet. Das angeschlossene Jesuitenkolleg bot Unterkunft für etwa 40 Ordensangehörige, die als Professoren, Seelsorger oder Lehrer dienten. Ein Jesuitengymnasium wurde 1715-1717 erbaut. Auch das neue Universitätsgebäude, die heutige Alte Universität, entstand im barocken Stil an der Stelle des alten Collegium Casimirianum. Die Heiliggeistkirche, die als Simultankirche genutzt wurde, erhielt ein barockes Dach und eine welsche Turmhaube, im Innern eine Trennmauer. Die Bürgerhäuser der Stadt wurden als Steinhäuser wiedererrichtet, das bisher dominierende Fachwerk verschwand.

Johann Wilhelm und der Spanische Erbfolgekrieg

Das mit der Religionsdeklaration verbundene Kalkül, den Spanischen Erbfolgekrieg zum Vorteil der Kurpfalz zu nutzen, schien zunächst aufzugehen.

Im Jahr 1700 trat der Fall ein, auf den man in Europa seit Jahrzehnten gewartet hatte: Der spanische König Karl II. starb kinderlos, Frankreich und die deutschen Habsburger versuchten sofort, ihre Erbansprüche durchzusetzen. In dem daraus sich entwickelnden **Spanischen Erbfolgekrieg** (1701–1714) ergriff Bayern die Partei Ludwigs XIV., der sofort seinen Enkel als Philipp V. zum spanischen König ausrufen ließ. Die meisten anderen Reichsfürsten blieben auf der Seite des Kaisers. 1702 wurde Frankreich der Reichskrieg erklärt. Südwestdeutschland war abermals Kriegsschauplatz, ohne dass die Verwüstungen allerdings solche Ausmaße erreichten wie im Pfälzischen Erbfolgekrieg. Heidelberg und Mannheim wurden 1707 aber vorübergehend von französischen Truppen besetzt.

1706 wurde gegen Kurfürst Max Emanuel von Bayern wegen seiner Unterstützung für Frankreich die Reichsacht verhängt. 1708 erhielt die Kurpfalz durch Reichstagsbeschluss die alte pfälzische Kurwürde mitsamt der Erztruchsessenwürde und außerdem die Oberpfalz zurück. Johann Wilhelm trat das Erzschatzmeisteramt an das inzwischen zum Kurfürstentum aufgestiegene Hannover ab. 1711 übte er auch das Reichsvikariat aus, so dass die alte Stellung der Pfalz wiederhergestellt und die Degradierung nach dem Dreißigjährigen Krieg überwunden schien. Der Erfolg war allerdings nur von kurzer Dauer.

Die Kurpfalz konnte die Zugewinne nicht behaupten, weil sich nicht die kaiserliche Seite im Krieg durchsetzte, sondern Frankreich. Die kaiserlichen Verbündeten England und die Niederlande schieden 1713 aus dem Krieg aus und einigten sich mit Ludwig XIV. im Frieden von Utrecht auf die Anerkennung der Thronfolge des Hauses Hannover in England und im Gegenzug auf die Nachfolge der Bourbonen in Spanien. Die spanischen

Niederlande, die Ludwig XIV. an den verbündeten Kurfürsten von Bayern übertragen hatte, fielen an Österreich, wofür Bayern - außer in der Oberpfalz - in seine alten Rechte wieder eingesetzt wurde. Der Kurfürst von Bayern sollte außerdem Sardinien und den Königstitel erhalten. Der Kaiser setzte den Krieg zwar noch für einige Zeit fort, schloss 1714 aber doch den Frieden von Rastatt, der im wesentlichen die Utrechter Vereinbarungen bestätigte, allerdings mit einer Ausnahme: Der sardinische Königsplan wurde fallengelassen, dafür erhielt Bayern nun doch die Oberpfalz zurück.

Einer der Verlierer des Spanischen Erbfolgekrieges war demnach die Kurpfalz, die nicht nur die zwischenzeitlich erworbene alte Kurwürde und die Oberpfalz wieder herausgeben musste, sondern schlechter dastand als vor dem Krieg, weil man die Erzschatzmeisterwürde an Hannover-England abgetreten hatte, das sich jetzt weigerte, diesen Titel zurückzugeben. Der Streit um das Erzamt setzte sich fort, bis er sich 1777 durch die pfalz-bayerische Union von selbst erledigte.

Karl Philipp und das Ende der Neuburger Linie

Johann Wilhelm starb 1716 in Düsseldorf, wo er auch beigesetzt wurde. Da er keine Söhne hatte, folgte ihm sein Bruder Karl Philipp (1716-1742) (Abb. 24), der außenpolitisch vor allem zwei Probleme zu lösen hatte: Mit den territorialen Nachbarn der Kurpfalz musste ein Ausgleich gefunden und die Erbfolge der Neuburger in allen ihren Herrschaftsgebieten gesichert werden.

Das Verhältnis zu den Nachbarn, das im späteren 17. Jahrhundert durch Konflikte schwer belastet war, entspannte sich dadurch, dass die Kurpfalz seit 1685 katholisch regiert wurde und somit aus ihrer konfessionellen Isolation heraustrat. Für die kurpfälzische Territorialpolitik war besonders wichtig, dass

Abb. 24: Kurfürst Karl Philipp (1716–1742)

in Worms ein Bruder der Kurfürsten Johann Wilhelm und Karl Philipp amtierte. Dies ermöglichte die Einigung in alten Streitpunkten. 1708 kam das bisher gemeinsam mit Worms verwaltete Ladenburg vollständig unter pfälzische Landeshoheit, im Gegenzug überließ die Pfalz die Kellerei Stein mit Lampertheim dem Wormser Bischof und verzichtete auf die Wildfangrechte, die

Karl Ludwig noch so nachdrücklich verteidigt hatte. Auch mit dem Bischof von Speyer und mit Baden kam es zu einer Verständigung; die vordere Grafschaft Sponheim wurde 1707 mit Baden geteilt, wobei das wichtige Amt Kreuznach fast vollständig an die Pfalz fiel. Aus dem Besitz der 1694 erloschenen Linie Pfalz-Veldenz wurden endgültig 1733 die Ämter Lauterecken und Veldenz erworben; der Rest fiel an die Linie Pfalz-Birkenfeld.

Die Situation um 1700 erinnert an die Konstellation 200 Jahre zuvor, als die Söhne Philipps des Aufrichtigen mit großem Erfolg **Karrieren in der Reichskirche** verfolgt und Bischofsstühle besetzt hatten. Bei den Söhnen Philipp Wilhelms wiederholte sich dies: Ludwig Anton war Deutschmeister und Bischof von Worms. Nach seinem Tod 1694 folgte ihm in Worms sein jüngerer Bruder Franz Ludwig, der schon Fürstbischof von Breslau war und 1716 Erzbischof von Trier wurde, das er 1729 gegen Mainz tauschte. Ein weiterer Sohn Philipp Wilhelms, Alexander Sigmund, war Bischof von Augsburg.

Die geistliche Versorgung der Söhne Philipp Wilhelms war für die Stellung der Kurpfalz in ihrem Umfeld zwar von Vorteil, für die Erbfolge aber ein Problem, weil nach dem söhnelosen Tod Johann Wilhelms sein Bruder Karl Philipp der letzte Anwärter aus der Neuburger Linie war, die schon nach der zweiten Generation auszusterben drohte. Auch Karl Philipp war ursprünglich für eine geistliche Karriere vorgesehen gewesen und wurde Domherr in Köln, Salzburg und Mainz, ohne aber die entsprechenden Weihen zu erhalten. Parallel verfolgte er eine militärische Karriere, stieg in den Türkenkriegen im kaiserlichen Dienst auf und verheiratete sich günstig mit Luise Charlotte von Radziwill, die eine ansehnliche Erbschaft in Litauen in die Ehe einbrachte.

Die Verbindungen nach Polen führten 1697 zur Bewerbung Karl Philipps um die polnische Königskrone, bei der er aber gegen August den Starken von Sachsen unterlag. Aus seiner ersten Ehe hatte er nur eine Tochter, eine zweite Ehe blieb kinderlos, eine dritte Ehe mit einer Gräfin von Thurn und Taxis war nicht standesgemäß.

Die Erbfolgeproblematik in der Kurpfalz ließ sich dadurch lösen, dass Karl Philipp seine einzige Tochter Elisabeth Augusta Sophie mit einem Pfalzgrafen von Sulzbach verheiratete. Diese Nebenlinie Pfalz-Neuburgs stand im Erbgang ohnehin am nächsten (Stammtafel 4, S. 205). Damit zeichnete sich langfristig ab, dass die Sulzbacher nach Karl Philipps Tod die Nachfolge in der Kurpfalz antreten würden.

Viel schwieriger gestaltete sich die Erbfolge in den niederrheinischen Herzogtümern **Jülich und Berg**, wo beim Aussterben des Hauses Pfalz-Neuburg in der männlichen Linie ein Erbanspruch Preußens drohte. Um die Neuburger Ansprüche in weiblicher Linie abzusichern, suchte Karl Philipp Anschluss an die übrigen Wittelsbacher im Reich, die damals immerhin vier Kurfürstentümer in der Hand hielten: neben Pfalz und Bayern auch die Erzbistümer Köln und Trier. 1720 wurde eine Hausunion abgeschlossen. Man vereinbarte, sich in allen wichtigen Fragen abzusprechen und eine gemeinsame Politik zu betreiben.

Schwierige diplomatische Verwicklungen ergaben sich aus dem Bemühen um Sicherung der Erbfolge in den niederrheinischen Herrschaften. Karl Philipp verbündete sich 1728 im Vertrag von Marly mit Frankreich, das bereit war, den pfälzischen Erbanspruch auf Jülich-Berg zu garantieren. Die Pfalz geriet dadurch in das antihabsburgische Lager, was sich unter anderem darin niederschlug, dass Karl Philipp im Österreichischen Erbfolgekrieg neutral blieb und dass er 1742 die Wahl des Wittelsbachers Karl VII. zum Kaiser, dem einzigen nicht-habsburgischen Kaiser der Neuzeit, unterstützte. Dies brachte der Pfalz einen zusätzlichen kurzfristigen Erfolg, weil der neue Kaiser das Erztruchsessenamt nach der Wahl an die Pfalz abtrat. Da das wittelsbachische Kaisertum eine Episode blieb, war das Erzamtproblem aber nicht auf Dauer gelöst.

Der **Österreichische Erbfolgekrieg** (1741–1748) brach nach dem söhnelosen Tod Kaiser Karls VI. (1711–1740) aus. In der Pragmatischen Sanktion von 1713 war für den Fall des Aussterbens der Habsburger im Mannesstamm die Thronfolge von Karls weiblicher Nachkommenschaft festgelegt worden, so dass Maria Theresia den österreichischen Thron besteigen konnte. Widerstand gegen diese Lösung kam vor allem von Bayern, wo Kurfürst Karl Albrecht Anspruch auf die Kaiserkrone und die habsburgischen Lande erhob; 1742 wurde er zum Kaiser (Karl VII.) gewählt. Am Österreichischen Erbfolgekrieg waren die meisten deutschen und europäischen Mächte beteiligt. Bayern schied nach dem Tod Karls VII. 1745 aus dem Krieg aus. Mit Frankreich schloss Maria Theresia 1748 in Aachen den Frieden.

Residenzverlegung nach Mannheim

Innenpolitisch stellte sich nach dem Ende des Pfälzischen Erbfolgekriegs vor allem die Frage des Wiederaufbaus des Landes und der Residenzstadt Heidelberg. Johann Wilhelm residierte überwiegend in Düsseldorf, Karl Philipp aber war entschlossen, nach Heidelberg in das angestammte Schloss zurückzukehren und nicht in einen teueren Neubau, wie ihn Johann Wilhelm zeitweise geplant hatte. Die Residenzverlegung nach Heidelberg warf nun aber noch einmal in aller Schärfe die konfessionelle Frage auf, denn ein großer Hof benötigte eine entsprechend repräsentative Hofkirche, zu der man die Heiliggeistkirche machen wollte. Hinzu kam die Absicht Karl Philipps, den reformierten Kirchenrat zu disziplinieren. Den Anlass lieferte ihm die Glosse zur 80. Frage des Heidelberger Katechismus, wo die päpstliche Messe als »vermaledeite Abgötterei« bezeichnet wird. Karl Philipp befahl deshalb, den Heidelberger Katechismus einzuziehen. Der reformierte Kirchenrat leistete Widerstand. Er weigerte sich auch, das den Reformierten zustehende Kirchenschiff der Heiliggeistkirche an die Katholiken abzutreten, obwohl der Kurfürst den Bau einer neuen Kirche für die reformierte Gemeinde angeboten hatte.

So kam es in den Jahren 1718 bis 1720 noch einmal zu einem großen konfessionellen Konflikt, weil Karl Philipp gegen die Widersetzlichkeit der Protestanten mit Gewalt vorging. Er ließ Heiliggeist durch Soldaten besetzen und die Trennmauer einreißen. Die Reformierten wandten sich, wie sie es früher schon getan hatten, an die evangelischen Stände auf dem Regensburger Reichstag sowie an Preußen und Hannover, die tatsächlich zugunsten der Pfälzer Reformierten intervenierten. Als dies beim Kurfürsten nichts bewirkte, gingen sie dazu über, ihrerseits die Katholiken in ihren Ländern zu schikanieren. Im Frühjahr 1720 war das konfessionelle Klima im Reich so vergiftet, dass man einen neuen Religionskrieg befürchtete. Jetzt griff der Kaiser ein, der dem Kurfürsten befahl, im Streit um Heiliggeist einzulenken, das Kirchenschiff an die Reformierten zurückzugeben und die Scheidemauer wieder aufzubauen. Karl Philipp fügte sich. Selbst ein Nachdruck des Heidelberger Katechismus wurde gestattet, allerdings ohne die anstößige Antwort zur 80. Frage. Als die Reformierten bei ihrer Weigerung blieben, das Kirchenschiff gegen einen Neubau herzugeben, verlegte sich der Kurfürst auf Drohungen: Er werde die Residenz nach Mannheim verlegen, die

Neckarbrücke abreißen, Heidelberg ruinieren und es zu einem Dorf machen, in dem das Gras auf den Gassen wachse.

Nachdem auch dies nichts nützte, wurde 1720 die Residenz tatsächlich nach Mannheim verlegt, wo ein entsprechendes Schloss aber nicht vorhanden war. Die im Erbfolgekrieg total zerstörte Stadt musste völlig neu aufgebaut werden, wobei das Quadrateschema zugrunde gelegt wurde. Das Schloss wurde nach französischem Vorbild von angesehenen Baumeistern ausgeführt, aber erst Mitte der 1760er Jahre fertiggestellt. In der Zwischenzeit musste der Kurfürst mit einem bescheidenen Haus Vorlieb nehmen und im Sommer mit dem Schloss in Schwetzingen, das Johann Wilhelm hatte erweitern lassen. Die Errichtung des Mannheimer Schlosses, des größten auf deutschem Boden, verschlang an die zwei Millionen Gulden, die durch eine Sondersteuer, das Schlossbaugeld, aufgebracht wurden. Residenz blieb Mannheim allerdings nur bis 1778, als Karl Theodor nach München übersiedelte.

Karl Theodor, der Österreichische Erbfolgekrieg und die pfalz-bayerische Union

Mit Karl Philipp, der 1742 in Mannheim starb, erlosch die Linie Pfalz-Neuburg im Mannesstamm. Für die Nachfolge war von langer Hand gesorgt. Die Neuburger Nebenlinie Pfalz-Sulzbach, die sich 1614 durch Abtrennung des Amts Sulzbach und der neuburgischen Anteile an den oberpfälzischen Kondominatsorten Floß und Parkstein-Weiden gebildet hatte, kam jetzt zur Herrschaft in der Kurpfalz. Aus diesem Duodezfürstentum stammte Karl Theodor (Abb. 25), der allerdings weniger bayerisch-oberpfälzisch als niederländisch geprägt war. Er wurde 1724 in Drogenbusch bei Brüssel geboren, dem Landsitz seiner Urgroßmutter. In den Niederlanden verbrachte er seine Kindheit fern von den Eltern, die

Abb. 25: Kurfürst Karl Theodor (1742–1799)

beide in jungen Jahren starben. Nach dem Tod des Vaters ließ Karl Philipp seinen Nachfolger nach Mannheim holen. Die Muttersprache Karl Theodors war französisch, das Deutsche musste er erst lernen. Anfang 1742 wurde er mit der vier Jahre älteren Enkelin Karl Philipps, Elisabeth Augusta, verheiratet (Stammtafel 4, S. 205). Die Ehe war nicht glücklich und völlig zerrüttet, als sich auch nach Jahren kein männlicher Thronfolger einstellte. Die Eheleute stürzten sich in Affären und gingen getrennte Wege, sie im Schloss Oggersheim, er in Schwetzingen; in Mannheim traf man sich im Winter nur gelegentlich.

Karl Theodor kam mitten im Österreichischen Erbfolgekrieg zur Herrschaft. Außenpolitisch stand er in der Tradition Karl Philipps; deshalb lehnte er sich an Frankreich an, das im Gegenzug die pfälzische Herrschaft in Jülich-Berg garantierte, auch nachdem König Friedrich II. von Preußen 1741, um Rückendeckung für seinen Einfall in Schlesien zu erhalten, auf seine Erbansprüche verzichtet hatte. Als Parteigänger Frankreichs stand die Kurpfalz im Österreichischen Erbfolgekrieg im antihabsburgischen Lager und wurde durch Kriegshandlungen geschädigt. Als der Krieg 1748 beendet wurde, blieb Karl Theodor auf seinen Kriegsschäden sitzen und musste zusehen, wie er sich mit den Habsburgern verständigte.

Karl Theodors Außenpolitik wurde bestimmt durch die Streulage seiner Länder vom Niederrhein bis nach Bayern. Dadurch wurde die Kurpfalz in jeden größeren Konflikt hineingezogen. Der Kurfürst war gezwungen, zu lavieren zwischen den Gegenpolen Frankreich und Habsburg auf der einen, Preußen und Habsburg auf der anderen Seite; deshalb hat man ihm gelegentlich »Prinzipienlosigkeit« vorgeworfen. Obwohl die Kurpfalz in seiner Zeit zu einer beachtlichen Machtstellung aufstieg, hatte sie doch nicht Gewicht genug, um im Konzert der deutschen oder europäischen Großmächte mitzuspielen. Mit der Rolle als Mittelmacht fand sich der Kurfürst jedoch nicht ab. Er strebte offensichtlich nach einer königlichen Stellung. Die Art, wie er dabei mit Menschen und Ländern umging, war für das 18. Jahrhundert nicht untypisch.

Zum Problem wurde für die Kurpfalz auch das »Renversement des Alliances« des Jahres 1756, als Frankreich und Habsburg sich gegen Preußen verbündeten und den seit Jahrhunderten währenden habsburgisch-französischen Konflikt beendeten. Die Kurpfalz war in der Vergangenheit immer wieder Opfer dieses großen europäischen Dualismus geworden, so im Dreißigjährigen Krieg und im Pfälzischen Erbfolgekrieg, aber sie hatte von diesem Gegensatz auch profitiert, weil sie beide Seiten gegeneinander ausspielen konnte. Die Einigung zwischen Wien und Versailles brachte Karl Theodor deswegen eher in Verlegenheit, weil die politischen Koordinaten nicht mehr stimmten. Die Pfalz geriet in die unangenehme Lage, im Siebenjährigen Krieg entweder auf die habsburgisch-französische Seite zu treten und sich damit Preußen zum Feind zu machen, was Auswirkungen auf die Herrschaft in Jülich-Berg haben konnte, oder auf die Seite Friedrichs des Großen überzugehen. Karl Theodor entschied sich für die französische Option, was seinen Erbanspruch in Jülich-Berg garantierte, sein Ansehen in der borussozentrischen Geschichtsschreibung des 19. Jahrhundert aber nicht eben verbesserte. Seine angebliche »Frankreichhörigkeit« wurde ihm immer wieder zum Vorwurf gemacht. Letztlich versuchte Karl Theodor aber nur, seine Länder zwischen den Klippen der Großmachtkonflikte hindurchzusteuern.

Die Lage für die Kurpfalz wurde weiter dadurch verkompliziert, dass sich durch das Ausbleiben eines legitimen männlichen Nachkommen die Erbfolgefrage immer dringender stellte. 1761, nach 20jähriger Ehe, war ein Sohn Karl Theodors kurz nach der Geburt gestorben, so dass spätestens jetzt keine Hoffnung mehr auf eine geordnete Thronfolge bestand. In dieser Situation hat man sich auf die schon unter Karl Philipp abgeschlossene wittelsbachische Hausunion besonnen, die zwischen Bayern, Kurpfalz und Pfalz-Zweibrücken erneuert und ausgebaut wurde, indem man sich gegenseitig für erbberechtigt erklärte, denn auch die bayerischen Wittelsbacher standen vor dem Aussterben. Es wurde festgelegt, dass München der Regierungssitz sein sollte, und man bereitete für Karl Theodor ein Besitzergreifungsdekret auf Bayern vor. Diese Absprachen sollten zwar geheim bleiben, um nicht die territorialen Begehrlichkeiten Frankreichs, Österreichs und Preußens zu wecken; tatsächlich waren die Habsburger durch Indiskretion aber informiert. Besonders Österreich spekulierte darauf, sich Teile Bayerns einverleiben zu können als Ersatz für das an Preußen verlorene Schlesien.

Der Ernstfall trat schneller ein, als alle Seiten es erwartet hatten. Am 30. Dezember 1777 starb überraschend Kurfürst Max III. Joseph von Bayern, mit dem die Münchener Linie der Wittelsbacher erlosch. Karl Theodor eilte nach München, das Besitzergreifungspatent wurde in Kraft gesetzt, und die Beamten huldigten ihm. Gleichzeitig marschierten österreichische Truppen in Bayern ein, und Kaiser Joseph II. erhob Erbansprüche auf die Grafschaft Mindelheim sowie auf Teile Ober- und Niederbayerns und der Oberpfalz.

Der Bayerische Erbfolgekrieg und Karl Theodors Tauschplan

Mit der kurpfalz-bayerischen Union von 1777 war eine weitere Zäsur in der kurpfälzischen Geschichte erreicht. Karl Theodor war jetzt »Herr in sieben Ländern«. Diese Länder erstreckten sich von der Nordseeküste bis zu den Alpen (siehe Karte 5). In diesem Länderkonglomerat, das durch kein einheitliches Recht oder Gemeinschaftsbewusstsein, sondern nur durch die Person des Herrschers zusammengehalten wurde, rückte die Kurpfalz eher an den Rand.

Karl Theodors Regierungsantritt in Bayern war durch den Konflikt mit Österreich überschattet. Der Kurfürst musste sich

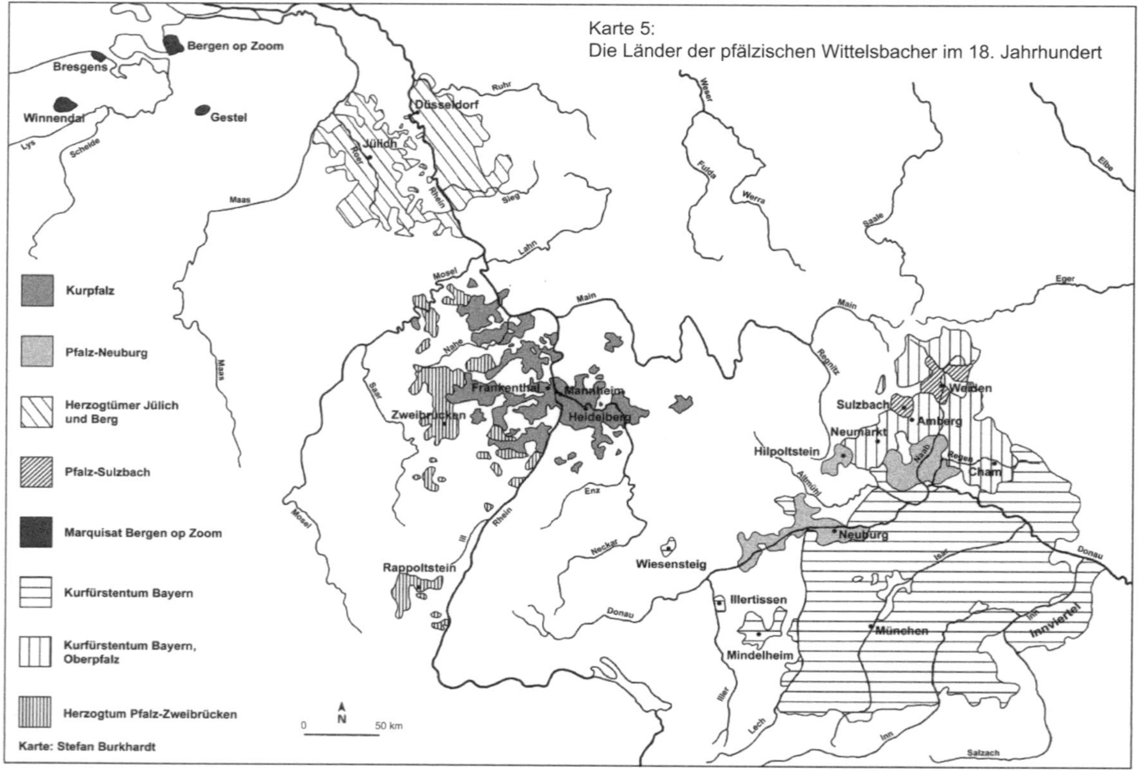
Karte 5:
Die Länder der pfälzischen Wittelsbacher im 18. Jahrhundert
Bergen op Zoom
Bresgens
Winnendal
Gestel
Lys
Schelde
Maas
Düsseldorf
Jülich
Roer
Rhein
Ruhr
Sieg
Lahn
Mosel
Main
Nahe
Saar
Frankenthal
Mannheim
Heidelberg
Zweibrücken
Enz
Neckar
Ill
Rappoltstein
Donau
Wiesensteig
Weser
Fulda
Werra
Saale
Elbe
Eger
Regnitz
Sulzbach
Weiden
Amberg
Neumarkt
Hilpoltstein
Naab
Regen
Cham
Altmühl
Neuburg
Isar
Illertissen
Mindelheim
München
Iller
Lech
Inn
Innviertel
Salzach
Kurpfalz
Pfalz-Neuburg
Herzogtümer Jülich und Berg
Pfalz-Sulzbach
Marquisat Bergen op Zoom
Kurfürstentum Bayern
Kurfürstentum Bayern, Oberpfalz
Herzogtum Pfalz-Zweibrücken
N
0
50 km
Karte: Stefan Burkhardt

dem militärischen Druck beugen und Anfang Januar 1778 in der nach dem kurpfälzischen Diplomaten Ritter benannten Ritterschen oder Wiener Konvention Gebietsabtretungen zustimmen, allerdings in der Hoffnung, damit ein schon länger verfolgtes übergeordnetes politisches Ziel zu erreichen: den Tausch Bayerns gegen die österreichischen Niederlande. Die Übergangskrise mündete in den Bayerischen Erbfolgekrieg, den Preußen, das einer Machterweiterung Österreichs nicht tatenlos zusehen wollte, durch den Einfall in Böhmen eröffnete.

Der **Bayerische Erbfolgekrieg** wurde im Juli 1778 durch den Einfall preußischer und sächsischer Truppen in Böhmen eröffnet; außer Sachsen stand auch der Herzog von Pfalz-Zweibrücken, der als designierter Nachfolger Karl Theodors eine Schmälerung seines Erbes befürchtete, auf der Seite Friedrichs des Großen. Im Frieden von Teschen (Mai 1779) wurde Österreich mit einem kleinen Teil Bayerns, dem Innviertel, abgefunden, während die Nachfolge Karl Theodors in Bayern anerkannt wurde.

Gelang es Karl Theodor, aus dem Bayerischen Erbfolgekrieg mit vergleichsweise geringen Verlusten herauszukommen, belastete sein Tauschprojekt - Bayern gegen die österreichischen Niederlande - nicht nur die Außenpolitik über Jahre, sondern zerrütteten das Verhältnis zu seinen bayerischen Untertanen, die es begreiflicherweise wenig schätzten, als Tauschobjekt behandelt zu werden. Wie ein Blick auf die Karte zeigt, hätte ein solcher Tausch eine Konzentration der Länder Karl Theodors im Westen entlang des Rheins bedeutet und eine dritte deutsche Großmacht neben Preußen und Österreich entstehen lassen. Der nächste Schritt wäre möglicherweise gewesen, diese Herrschaften zu einem Königreich zu machen. Dass Karl Theodor nach mehr strebte, als nur ein Kurfürst des Reiches zu sein, scheint offensichtlich. Beim Tod Kaiser Josephs II. 1790 beanspruchte er, zwei Kurstimmen zu führen, was von den übrigen Kurfürsten aber abgelehnt wurde. Das Reichsvikariat übte er 1790 bis 1792 aus. Auch erwog er, sich selbst um die Kaiserkrone zu bewerben, hat sich aber doch nicht getraut.

Anspruch und Wirklichkeit klafften in seiner Außenpolitik weit auseinander. Der Tauschplan zerschlug sich, weil der Kaiser den Wert seiner Niederlande höher als den Wert Bayerns veranschlagte und weil Preußen und Frankreich alle Hebel in Bewegung setzten, um den Ländertausch zu verhindern. Obgleich seine großen Pläne alle gescheitert sind, konnte Karl Theodor die Integrität des von ihm zusammengeerbten großen Länderkomplexes durch seine undurchsichtige Schaukelpolitik wahren.

Bevölkerung und Wirtschaft unter Karl Theodor

Die beiden großen Strömungen des 18. Jahrhunderts, der Absolutismus und die Aufklärung, prägten auch die Geschichte der Kurpfalz. Karl Theodor war ein den Ideen der Aufklärung verpflichteter Fürst. So lud er Voltaire in die Kurpfalz ein, traf ihn persönlich und wechselte Briefe mit ihm. Aufklärerisches Denken hat sich in Karl Theodors Innenpolitik vielfach niedergeschlagen: Leitende Kategorien waren Nützlichkeit und Einheitlichkeit; mit Traditionen wurde gebrochen, wenn sie aufgeklärtem Denken widersprachen. 1776 zum Beispiel wurde die Folter abgeschafft. Karl Theodor war auch ein Förderer von Kunst und Bildung. Auf dem konfessionellen Gebiet war sein aufklärerisches Denken am wenigsten entwickelt, denn durch religiöse Toleranz zeichnete er sich nicht aus.

Die Kurpfalz durchlief nach den Katastrophen des 17. Jahrhunderts seit ungefähr 1700 eine Phase des rasanten Bevölkerungswachstums. Die Bevölkerungsverluste waren um 1725 wieder aufgeholt. Exakte Zahlen liegen für die Jahre zwischen 1773 und 1792 vor, als die Einwohnerzahl von 264.000 auf 323.000 stieg, also um gut 22 Prozent in 18 Jahren. Ein ähnliches Bevölkerungswachstum wird man für die vorangegangenen, durch Statistiken weniger abgesicherten Jahrzehnte seit 1700 annehmen dürfen. Man kam deshalb schon in der Mitte des 18. Jahrhunderts auf den Gedanken, die Politik der gezielten Anwerbung aufzugeben und zu einer rigideren Abgaben- und Ansiedlungspolitik überzugehen. Auf der anderen Seite stand die Kurpfalz unter einem erheblichen Auswanderungsdruck, der den Zuwachs leicht wieder aufzehren konnte; 1764 erging sogar ein Auswanderungsverbot.

Für die **Auswanderung** aus der Pfalz gab es unterschiedliche Motive. Zu Beginn des 18. Jahrhunderts spielten das wirtschaftliche Elend nach dem Pfälzischen Erbfolgekrieg und die gegenreformatorische Politik der Kurfürsten die wichtigste Rolle. Damals zogen viele Pfälzer nach Amerika, vor allem Pennsylvania. Weitere Auswanderungswellen verteilten sich über das gesamte 18. Jahrhundert. Amerika blieb das beliebteste Ziel für die Reformierten, viele Katholiken zogen nach Ungarn. Preußen, Galizien und Rußland waren weitere Auswanderungsziele. Zwischen 1743 und 1790 verließen etwa 35.000 Menschen das Land. Die Auswanderung hat insgesamt das Bevölkerungswachstum aber nicht aufgehalten. Ihr stand eine stetige Einwanderung gegenüber. Davon profitierten vor allem die Städte, die im 18. Jahrhundert beachtlich wuchsen: Mannheim erreichte 25.000 Einwohner um 1777, erlitt 1778 mit der pfalz-bayerischen Union aber einen schlimmen Aderlass, als es an die 5.000 Einwohner verlor. Heidelberg kam auf etwa 10.000 Einwohner, deutlich kleiner waren Frankenthal, Neustadt und Kreuznach (3.500), Alzey (2.600) und Weinheim (2.300). Ende des 18. Jahrhunderts war die Kurpfalz mit ca. 75 bis 80 Einwohnern pro Quadratkilometer eines der am dichtesten besiedelten Gebiete Deutschlands.

Das Bevölkerungswachstum brachte es mit sich, dass der verfügbare Boden im 18. Jahrhundert wieder unter den Pflug genommen und dass bisher nicht bestelltes oder verwildertes Land bebaut wurde. Vereinzelt wurden neue Siedlungen angelegt wie Peterstal und Wilhelmsfeld im Odenwald. 75 Prozent der Einwohner waren noch immer in der Landwirtschaft tätig, der Weinbau spielte nach wie vor eine zentrale Rolle. Daneben verbreitete sich in der Rheinebene im letzten Drittel des 18. Jahrhunderts der Obstanbau. Unter den neuen Kulturpflanzen spielte der Tabak eine wichtige Rolle, daneben Kartoffeln, Hanf, Flachs und Raps. Brachen und Brachweide in der traditionellen Dreifelderwirtschaft wurden allmählich abgelöst durch eine Fruchtwechselwirtschaft, bei der Futterpflanzen wie Klee oder Kartoffeln und Rüben auf den Brachfeldern angebaut wurden. Auch der Übergang zur Stallhaltung und -fütterung des Viehs und zur Düngung der Felder mit Mist oder mineralischen Düngern wie Kalk, Gips oder Mergel steigerte die Erträge. Eine planmäßige Forstwirtschaft kam erst gegen Ende des 18. Jahrhunderts auf.

Zu Beginn des 18. Jahrhunderts war die Kurpfalz kaum industrialisiert. Erste Ansätze einer merkantilistischen Wirtschaftspolitik gab es unter Karl Philipp, der auf den Anbau von Tabak und seine industrielle Weiterverarbeitung setzte. Ein Versuch mit einem staatlichen Tabakmonopol und einer Manufaktur in Mannheim endete aber im Bankrott. Die große Zeit der merkantilistischen Wirtschaftspolitik begann mit Karl Theodor, der sich am französischen Vorbild orientierte. Frankenthal, Heidelberg und Kaiserslautern wurden zu Zentren der Textilmanufaktur. Neben Wolle wurde auch Seide verarbeitet, wozu der Anbau von Maulbeerbäumen in der Pfalz gefördert wurde. In Mannheim dominierte ein spezialisiertes Handwerk für die Bedürfnisse des Hofes und die Tabakverarbeitung, die auch in Leimen und Wiesloch betrieben wurde. Der Bergbau war in der Kurpfalz mit Ausnahme der Quecksilberförderung im Nordpfälzer Bergland und der Eisengewinnung im Hunsrück von geringer Bedeutung. Die Papierherstellung und die Farbenproduktion aus Krappwurzeln waren weitere Wirtschaftszweige.

Unter den von Karl Theodor eingerichteten Manufakturen ist die Frankenthaler Porzellanmanufaktur von 1755, die von dem aus Straßburg kommenden Unternehmer Paul Anton Hannong geleitet wurde, besonders zu erwähnen. Dem Spezialisten für die Herstellung von Hartporzellan verlieh Karl Theodor ein Monopol für die gesamte Kurpfalz. Seit 1762 wurde die Frankenthaler Manufaktur jedoch in kurfürstlicher Regie geführt. Neben den in der Pfalz hergestellten Seidenstoffen war das Frankenthaler Porzellan der einzige industrielle Exportartikel. Die Kriege während der Französischen Revolution machten den frühindustriellen Ansätzen ein Ende.

Ebenfalls in die Zeit Karl Theodors fallen die ersten Bemühungen, das überkommene und seit Jahrhunderten mehr oder weniger unverändert gebliebene **Straßen- und Verkehrswegenetz** zu modernisieren, vor allem durch die Anlage von Chausseen mit befestigter Straße, Entwässerungsgräben und Alleebäumen. An großen Überlandverbindungen wurden damals ausgebaut: die Bergstraße; die Straße auf dem rechten Rheinhochufer; die Verbindungen zwischen Mannheim, Heidelberg und Schwetzingen; von Heidelberg nach Mosbach; von Heidelberg über Sinsheim nach Heilbronn; von Germersheim über Frankenthal und Oppenheim nach Mainz; von Frankenthal über Alzey und Kreuznach nach Simmern, von Frankenthal nach Kaiserslautern. Mannheim rückte in die Position eines Verkehrsknotens zwischen rechts- und linksrheinischer Pfalz. Auch die Wasserwege liefen hier zusammen; der Unterlauf des Neckars wurde begradigt.

Das Urteil über die Wirtschaftpolitik Karl Theodors fällt in der Tendenz eher negativ aus, waren seine wirtschaftspolitischen Maßnahmen doch insgesamt wenig progressiv. Die Steuer- und Abgabenbelastung der Bevölkerung war hoch, wenngleich nicht höher als anderswo in Südwestdeutschland, die Lebenssituation war für viele entsprechend unsicher. Gegen Ende des Jahrhunderts und bedingt durch die Koalitionskriege, die die Kurpfalz wirtschaftlich erheblich schädigten, verschlechterte sich die Situation dann dramatisch. Für die Zeit um 1800 hat man mit Blick auf die Landwirtschaft von einem allgemeinen wirtschaftlichen Tiefstand gesprochen. In den letzten Regierungsjahren Karl Theodors häuften sich aber nicht nur die wirtschaftlichen Probleme.

Kultur, Bildung und Religion

Karl Theodor war ein gebildeter Fürst. Er interessierte sich für Geschichte und Naturwissenschaften, besonders aber für bildende Kunst, Architektur, Musik und Theater. Mannheim und der Mannheimer Hof wurden zu einem kulturellen Zentrum ausgebaut. Er bemühte sich um die besten Künstler und Musiker, die berühmtesten Gelehrten, die dem »pfälzischen Florenz« oder »Neckar-Athen« zum Ruhm gereichen und damit auch den Fürsten selbst erhöhen sollten. Als Bauherr betätigte sich Karl Theodor in Schwetzingen, Oggersheim und Benrath bei Düsseldorf, vor allem aber in Mannheim bei der Vollendung und Ausstattung des Schlosses und der Jesuitenkirche. In den Dimensionen des Schlosses kommt Karl Theodors Anspruch auf eine königgleiche Stellung zum Ausdruck. Kulturelles Herzstück war die Bibliothek mit ihren 100.000 Bänden, die zugleich als Sitzungssaal der vom Fürsten 1763 ins Leben gerufenen Kurpfälzischen Akademie der Wissenschaften diente. Diese Akademie wurde nach bayerischem Vorbild eingerichtet und förderte neben Geschichte und Philologie vor allem auch Mathematik und Naturwissenschaften. Dominant waren allerdings die Historiker, die eine rege Tätigkeit zur Erforschung der kurpfälzischen Geschichte entfalteten. Bedeutende Gelehrte wie Johann Daniel Schöpflin, Georg Christian Crollius, Christoph Jakob Kremer und Johann Goswin Widder gehörten ihr an. Für die Astronomen wurde in Mannheim eine Sternwarte errichtet; aber auch Literatur und Dichtung hatten ihren Raum.

Abb. 26: Wappen Karl Theodors

Für **Mannheim** war die Herrschaft Karl Theodors eine kulturelle Blütezeit. In der Musik konnte die kurpfälzische Residenz mit den europäischen Metropolen mithalten. Die Mannheimer Schule der Orchestermusik hat die Entwicklung der Klassik wesentlich vorbereitet. Mozart suchte 1777 um Anstellung nach, wurde aber abgelehnt. Neben der Orchestermusik wurde die Oper gepflegt. Auch das Mannheimer Theater war bedeutend: Stücke Voltaires wurden in Mannheim uraufgeführt, ebenso Schillers *Räuber, Die Verschwörung des Fiesko* sowie *Kabale und Liebe* an dem nach Karl Theodors Weggang gegründeten Nationaltheater.

Die Landesuniversität nach Mannheim zu verlegen, hat Karl Theodor nicht gewagt, wenn er jemals daran gedacht haben sollte. Eine Zierde der Residenz wäre sie auch nicht gewesen. Nach den Verwüstungen des Erbfolgekrieges kam sie erst langsam wieder in Gang und konnte nie an ihre großen Zeiten anknüpfen. Das 18. Jahrhundert war im Gegenteil das dunkelste in der Heidelberger Universitätsgeschichte. Seit 1685 war die Universität katholisch geprägt mit einem starken Anteil an Jesuiten unter den Professoren. An der Theologischen Fakultät gab es neben einer katholischen auch eine allerdings sehr viel kleinere reformierte Abteilung. Karl Theodor stiftete Lehrstühle für Physik und Mathematik; ein weiterer Fortschritt war die Verlegung der Kameralhochschule von Kaiserslautern nach Heidelberg im Jahr 1784, was die Möglichkeit eröffnete, Verwaltungs- und Wirtschaftswissenschaften zu studieren. Doch der Anschluss an die von der Aufklärung geprägten Hochschulen des Reiches gelang Heidelberg nicht. Dies lag zum einen an ihrer konfessionellen Engstirnigkeit, zum andern an Gebrechen wie Erbprofessuren und Expektanzen, mit denen Leistungskriterien unterlaufen wurden. Als die linksrheinischen Gebiete während der Französischen Revolution von Frankreich besetzt wurden, verlor der Universität ihre materielle Basis, da sie überwiegend von ihren dortigen Gütern gelebt hatte.

Trotz seiner aufklärerischen Ideale war Karl Theodor in konfessioneller Hinsicht konservativ-katholisch und von einer ausgeprägt barocken Frömmigkeit, die sich durchaus mit einer lebensfrohen Haltung vertrug, die ihren Niederschlag in einer Reihe unehelicher Kinder fand. Der Kurfürst förderte den Katholizismus in seinen Ländern, wo immer dies möglich war. In Sulzbach, Kurpfalz und Jülich-Berg musste er jedoch auf die vertraglich abgesicherten Rechte der Protestanten Rücksicht nehmen. In der Kurpfalz waren Protestanten von der Landesverwaltung ausgeschlossen; Führungspositionen blieben der reformierten Mehrheitskonfession versagt. An den zu Beginn des Jahrhunderts ausgehandelten Verträgen rüttelte Karl Theodor aber nicht. Die Lutheraner blieben als konfessionelle Minderheit geduldet, ebenso die Mennoniten, deren zentrale Siedlung der Ibersheimer Hof nördlich von Worms war, und die Juden, die sich in Heidelberg und Mannheim konzentrierten.

Die glänzende Hofhaltung und die Förderung von Kunst und Wissenschaften verschlangen große Summen. Hofhaltung und Regierung waren getrennt. Angesichts der vielen von den pfälzischen Wittelsbachern regierten Länder wurde schon zu Beginn des 18. Jahrhunderts eine oberste Verwaltungsinstanz über den einzelnen Landesteilen errichtet: die Geheime Konferenz. In der Kurpfalz differenzierte sich das Behördensystem weiter aus. Die Verwaltung lag in der Hand der Regierung, der zuletzt 45 Regierungsräte angehörten; die Hofkammer war für Liegenschaften, Gebühren und Zölle zuständig, Hofgericht und Oberappellationsgericht für die zivile Gerichtsbarkeit. Unterhalb der Ebene der Zentralbehörden standen Kommissionen mit Spezialressorts wie Bau oder Zölle. Unter Karl Theodor neu errichtet wurde eine Kommerzienkommission, die für die Wirtschaftspolitik zuständig war. Die Gemeindeautonomie wurde im 18. Jahrhundert mehr und mehr durch die Zentralverwaltung zurückgedrängt.

Das Ende der Kurpfalz

Angesichts des Ausbleibens legitimer Erben zeichnete sich frühzeitig ab, dass Karl Theodor durch die Nebenlinie Pfalz-Zweibrücken beerbt werden würde, die seit 1410 von der Kurpfalz getrennt war und seither ein kompliziertes, durch Teilungen bestimmtes Eigenleben geführt hatte. Der nächste erbberechtigte Verwandte war Maximilian IV. Joseph von Pfalz-Zweibrücken. Als er 1799 als letzter Kurfürst von der Pfalz zur Herrschaft kam, war das Land durch die Politik der vergangenen 20 Jahre geschwächt, durch die Kriege seit 1792 verschuldet und um seine linksrheinischen Gebiete reduziert. Die Verwaltung lag nach dem Wegzug des Hofes in der Hand des Statthalters Franz Albert Leopold von Oberndorff, der die Pfälzer Interessen im Gesamt der Länder Karl Theodors zwar zu wahren versuchte, vor den überfälligen inneren Reformen aber zurückschreckte und wenig tat, um den Abstieg des an die Peripherie gerückten Landes aufzuhalten. Deshalb häuften sich gegen Ende des Jahrhunderts die Probleme. Die Verwaltung galt als aufgebläht und ineffizient, die Wirtschaft und die Staatsfinanzen waren in einem ungeordneten Zustand, und die Kurpfalz litt unter konfessionellen Spannungen, wie sie anderswo damals längst der Vergangenheit angehörten.

Das kurpfälzische Territorium reichte am Ende des 18. Jahrhunderts von Bretten im Süden bis nach Kaub im Norden, von Veldenz im Westen bis nach Boxberg im Osten (Karte 6). Es war in 19 Oberämter gegliedert, von denen acht rechts des Rheines lagen (Boxberg, Bretten, Heidelberg, Ladenburg, Lindenfels, Mosbach, Otzberg und das kurpfälzisch-hessische Kondominat Umstadt), elf linksrheinisch (Alzey, Bacharach, Germersheim,

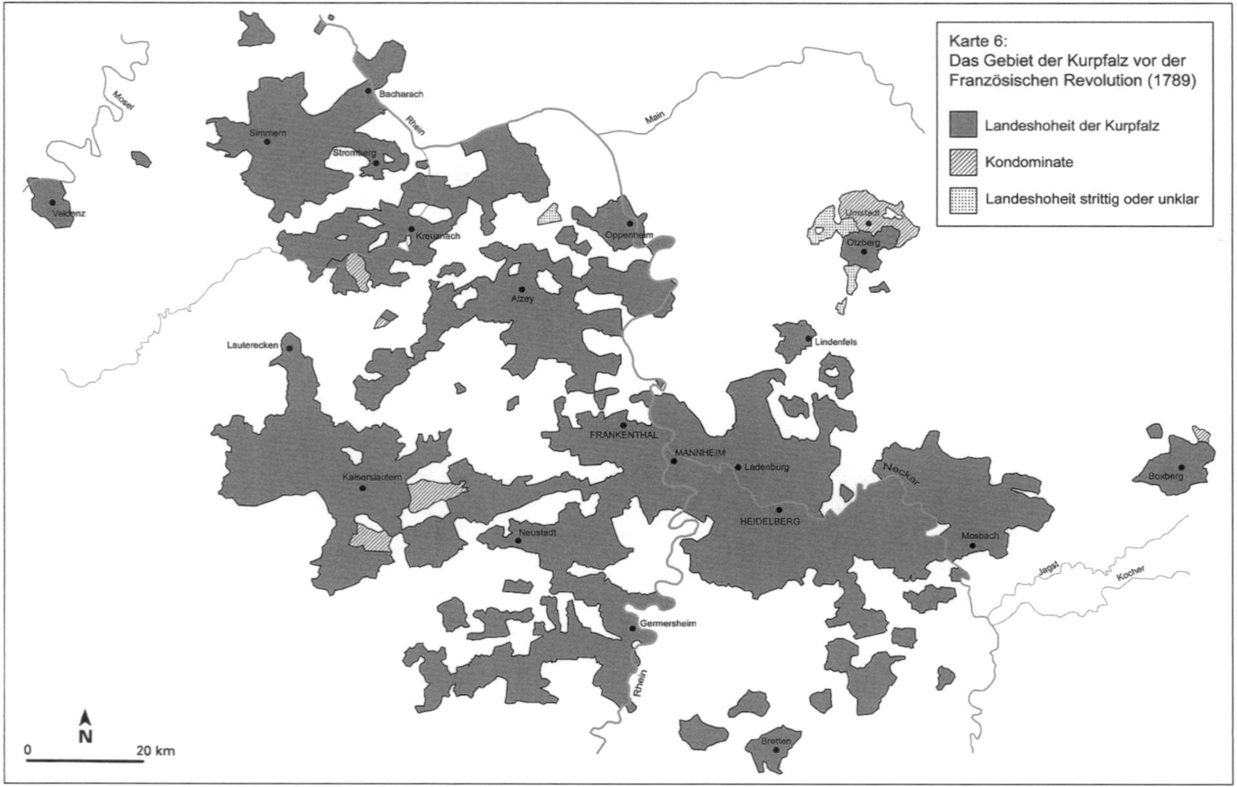
Karte 6:
Das Gebiet der Kurpfalz vor der Französischen Revolution (1789)
Landeshoheit der Kurpfalz
Kondominate
Landeshoheit strittig oder unklar
Mosel
Veldenz
Simmern
Stromberg
Bacharach
Rhein
Main
Kreuznach
Oppenheim
Alzey
Umstadt
Otzberg
Lindenfels
Lauterecken
Kaiserslautern
FRANKENTHAL
MANNHEIM
Ladenburg
HEIDELBERG
Neckar
Neustadt
Mosbach
Boxberg
Jagst
Kocher
Germersheim
Bretten
N
0
20 km

Kreuznach, Kaiserslautern, Lauterecken, Neustadt, Oppenheim, Simmern, Stromberg und Veldenz). Die drei »Hauptstädte« Mannheim, Heidelberg und Frankenthal waren von der Oberamtseinteilung eximiert. Knapp zwei Drittel des kurpfälzischen Territoriums lagen auf dem linken Rheinufer, waren also unmittelbar bedroht, als die französische Nationalversammlung das Ziel der »natürlichen Grenzen« proklamierte, was gegenüber dem Reich die Rheingrenze bedeutete.

Zur Konfrontation des Reiches mit dem revolutionären Frankreich kam es, als die französische Nationalversammlung in Reaktion auf eine preußisch-österreichische Militärkonvention dem König von Böhmen und Ungarn am 20. April 1792 den Krieg erklärte. Neben dem Ziel der Verbreitung der revolutionären Ideale spielten auf französischer Seite für die Kriegsentscheidung auch innenpolitische Motive wie die Ablenkung von der schlechten Wirtschaftslage und das geplante Vorgehen gegen die im Land gebliebenen Revolutionsgegner eine Rolle. Die Erste Koalition erlitt bei Valmy (20. September 1792) eine Niederlage gegen die Revolutionstruppen, die unter General Custine in der Folge in die linksrheinische Pfalz einmarschierten. Ihre Grenzlage machte die Kurpfalz in den kommenden Jahren wieder einmal zum hart umkämpften Kriegsschauplatz. Von französischer Seite wurde der Krieg gegen die alten Mächte zugleich als ideologischer Freiheitskrieg und als Expansionskrieg geführt.

Die Ideen der Französischen Revolution fanden auch in der Kurpfalz einen Widerhall. Im Gefolge von 1789 kam es zu sozialen Protesten und zu vielfältigen Versuchen, für Freiheit, Gleichheit, Brüderlichkeit und die Republik zu werben. In Mannheim bildete sich 1792 eine Gesellschaft von Freunden der Menschenrechte und der Prinzipien der französischen Verfassung, in der Stadt sammelten sich aber auch aristokratische französische Emigranten. Gelegentlich wurden unter dem Schutz der einrückenden Franzosen Freiheitsbäume errichtet. Aber ein Zentrum revolutionärer Propaganda wie das französische Landau oder Pfalz-Zweibrücken war die Kurpfalz nicht.

Karl Theodor hielt auch gegenüber dem revolutionären Frankreich lange an seiner Neutralitäts- und Freundschaftspolitik fest und versuchte, sich aus den kriegerischen Auseinandersetzungen herauszuhalten. Angesichts der geographischen Lage der Pfalz und dem französischen Streben nach der Rheingrenze war dies jedoch illusorisch. Die Territorialverluste auf dem linken Rheinufer sollten, dies zeichnete sich schon frühzeitig ab, durch rechtsrheinische Säkularisationen ausgeglichen werden. Die Auflösung der geistlichen Territorien des Reichs und ihre Verwendung als Entschädigungsmasse für die weltlichen Staaten entsprach sowohl den Vorstellungen des revolutionären Frankreich als auch den Interessen der weltlichen Staaten in Deutschland. Weil der Kaiser und Preußen diesem Verfahren schon nach dem unglücklich verlaufenen Ersten Koalitionskrieg im Grundsatz zustimmten, war Karl Theodor in einer fast aussichtslosen Lage, wenn er an den pfälzischen Gebieten auf dem linken Rheinufer festhalten wollte und das Prinzip der rechtsrheinischen Entschädigung ablehnte.

Die Franzosen haben die Neutralität der kurpfälzischen und zweibrückischen Gebiete 1792 noch respektiert, seit 1793 war die Kurpfalz aber Kriegsschauplatz, nachdem Karl Theodor in den Reichskrieg gegen Frankreich eingetreten war. Mannheim wurde von französischen Truppen erobert beziehungsweise ihnen kampflos übergeben, 1795 durch Koalitionstruppen zurückerobert und dabei schwer beschädigt. Die linksrheinischen Gebiete waren seit 1793 durch französische Truppen besetzt und mussten Zerstörungen hinnehmen; zerstört wurde auch das Og-

Die wichtigsten zum Ende der Kurpfalz führenden **Stationen** waren:
Der Erste Koalitionskrieg 1792–1797;

die vollständige Eroberung der linksrheinischen Reichsgebiete durch Frankreich und ihre Einteilung in vier Departements bis 1798;

der Zweite Koalitionskrieg 1798–1801;

der Frieden von Lunéville 1801, in dem der Rhein als natürliche Grenze Frankreichs und das Prinzip der Entschädigung auf dem rechten Rheinufer für die linksrheinischen Verluste festgeschrieben wurde;

der **Reichsdeputationshauptschluss** vom 25. Februar 1803, der die auf dem rechten Rheinufer verbleibenden kurpfälzischen Gebiete unter die Nachfolgestaaten verteilte.

gersheimer Schloss. 1798 wurden die linksrheinischen Gebiete zwangsweise an Frankreich angeschlossen und in Departements eingeteilt. Die pfälzischen Besitzungen fielen überwiegend an das neugeschaffene Departement Donnersberg mit Sitz in Mainz. Nachdem auch der Zweite Koalitionskrieg nach neuen Kampfhandlungen auf rechtsrheinischem pfälzischem Gebiet für die Franzosen erfolgreich verlaufen war, war die Abtretung der linksrheinischen Gebiete kaum noch zu verhindern. Mannheim wurde 1799, nachdem es von französischen Truppen besetzt worden war, entfestigt, wobei die Bürger tatkräftig mithalfen, die Befestigungsanlagen zu schleifen, weil sie hofften, dass damit endlich Ruhe einkehren würde.

Karl Theodor hat die endgültige Abtretung des linken Rheinufers im Frieden von Lunéville im Jahr 1801 nicht mehr erlebt. Der Regierungswechsel zu Maximilian Joseph von Pfalz-Zweibrücken vollzog sich reibungslos; dieser hatte sein Stammland schon lange verloren und im Exil gelebt, zunächst in Mannheim, dann in Ansbach. Er und sein leitender Minister Montgelas hatten kaum Gelegenheit, in der Kurpfalz politische Akzente zu setzen. Unmittelbar nach 1799 wurden eine Reihe von Reformen eingeleitet, zu denen eine Säkularisation der Klöster und die Verwendung des Klostervermögens für Schulzwecke gehörten. Im Mai 1799 wurde per Dekret die Ungleichheit zwischen den Konfessionen beseitigt und allen Konfessionen der Zugang zu den Ämtern eröffnet. Diese späten Ansätze einer Modernisierung sind der Kurpfalz aber nicht mehr zugute gekommen. Es hat zwar verschiedene Versuche gegeben, die Pfalz als Territorium zu retten, letztlich hat sich aber der französische Drang zur Rheingrenze durchgesetzt und ebenso der französische Plan, durch eine völlige Umgestaltung der Territorialverhältnisse in Deutschland eine Reihe von Mittelstaaten als Gegengewicht gegen die deutschen Vormächte Preußen und Österreich zu errichten. Die Kurpfalz ist diesem Projekt als einziges fürstliches Territorium rechts des Rheins zum Opfer gefallen. Maximilian Joseph wurde für seine linksrheinischen Verluste im bayerischen Raum entschädigt, die rechtsrheinische Kurpfalz wurde selbst zur Verteilungsmasse.

Das Verhandlungsergebnis wurde im Reichsdeputationshauptschluss vom 25. Februar 1803 niedergelegt, der aber nur bestätigte, was längst beschlossen und was seit September 1802 faktisch auch schon vollzogen war. In Paragraph 5 wurden die Städte Heidelberg und Mannheim sowie die Oberämter Heidelberg, Ladenburg und Bretten an den Markgrafen von Baden abgetreten; Baden wurde zu einem Pufferstaat am Oberrhein und stieg in den Rang eines Kurfürstentums auf. Teile der rechtsrheinischen Kurpfalz gingen 1803 außerdem an den Fürsten von Leiningen-Hardenburg (Oberämter Boxberg und Mosbach), an den Landgrafen von Hessen-Darmstadt (Oberämter Lindenfels, Otzberg und die pfälzischen Anteile von Umstadt) und den Fürsten von Nassau-Usingen (Unteramt Kaub). Damit verschwand die Kurpfalz von der politischen Landkarte.

Die Eingliederung der ehemals kurpfälzischen Gebiete in den badischen Staat und die weitere Entwicklung auf dem linken Rheinufer werden an anderer Stelle behandelt. Ebensowenig kann hier von den seit 1803 immer wieder unternommenen Versuchen die Rede sein, an die alte Kurpfalz anzuknüpfen oder eine politische Einheit Kurpfalz neu zu konstituieren. Nostalgische Gefühle zu wecken, gehört nicht zu den Aufgaben des Historikers, dem es aber erlaubt ist, die Erinnerung an ein deutsches Territorium mit reicher, allerdings nicht nur glücklicher Geschichte wachzuhalten.

Kommentiertes Literaturverzeichnis

Die Literatur zur kurpfälzischen Geschichte ist umfangreich und kann hier nur in strenger Auswahl einiger grundlegender und neuerer Titel präsentiert werden. Auf die Nennung von Arbeiten, die vor der Gesamtdarstellung Meinrad Schaabs erschienen und dort verarbeitet sind, wurde im Folgenden mit wenigen Ausnahmen ebenso verzichtet wie auf die Anführung von allgemeiner Literatur zur deutschen Geschichte. Ergänzend sei auf die im Aufbau befindliche »Virtual Library Geschichte der Kurpfalz« (www.kurpfalz-geschichte.de) verwiesen, die Materialien unterschiedlichster Art enthält und die auch als bibliographisches Instrument genutzt werden kann. Als periodisches Publikationsorgan auch für Arbeiten zur kurpfälzischen Geschichte dient die Zeitschrift für die Geschichte des Oberrheins (ZGO).

Gesamtdarstellungen

Als Darstellung noch immer lesenswert: Ludwig Häusser, **Geschichte der Rheinischen Pfalz nach ihren politischen, kirchlichen und literarischen Verhältnissen**, 2 Bde., Heidelberg 1845, mehrfach nachgedruckt; Register von Friedrich Loos und Theodor Neubauer, Pirmasens 1971. Das aktuelle Standardwerk zur kurpfälzischen Geschichte ist Meinrad Schaab, **Geschichte der Kurpfalz**, Bd. 1: Mittelalter, 2. verb. und aktualisierte Aufl. Stuttgart/Berlin/Köln 1999; Bd. 2: Neuzeit, Stuttgart/Berlin/Köln 1992. Eine Aufarbeitung der Forschung auf neuestem Stand bieten verschiedene Abschnitte des **Handbuchs der baden-württem-**

bergischen Geschichte, hg. v. Meinrad Schaab und Hansmartin Schwarzmaier, Bd. 1/1: Von der Urzeit bis zum Ende der Staufer, Stuttgart 2001; Bd. 1/2: Vom Spätmittelalter bis zum Ende des Alten Reiches, Stuttgart 2000; Bd. 2: Die Territorien im Alten Reich, Stuttgart 1995. Für die Kurpfalz sind einschlägig: Meinrad Schaab, Kurpfalz (Bd. 2, S. 247-333) und Eike Wolgast, Reformation und Gegenreformation (Bd. 1/2, S. 145-306).

Einzelarbeiten in chronologischer Folge

Über die kurpfälzische **Geschichte des Mittelalters** informiert neben den oben genannten Gesamtdarstellungen mit weiterführenden Literaturangaben der Ausstellungskatalog: Mittelalter. Schloss Heidelberg und die Pfalzgrafschaft bei Rhein bis zur Reformationszeit, red. v. Volker Rödel, Regensburg 2002 (= 2., veränderte Aufl. von: Der Griff nach der Krone. Die Pfalzgrafschaft bei Rhein im Mittelalter, Regensburg 2000). Die wichtigsten **Quellen** der mittelalterlichen kurpfälzischen Geschichte sind bequem zugänglich in: Ausgewählte Urkunden zur Territorialgeschichte der Kurpfalz 1156-1505, hg. v. Meinrad Schaab, bearb. v. Rüdiger Lenz, Stuttgart 1998. Die »große Zeit« Heidelbergs zwischen Universitätsgründung und Residenzverlegung nach Mannheim behandelt Wolfgang von Moers-Messmer, Die große Zeit der Geschichte Heidelbergs als Haupt- und Residenzstadt der Kurpfalz, Ubstadt-Weiher 2001.

Zur Geschichte der **Universität Heidelberg**: Eike Wolgast, Die Universität Heidelberg 1386-1986, Berlin/Heidelberg u. a. 1986. Speziell zur Gründungsphase: Werner Moritz (Hg.), Eine neue Gründungsurkunde für die Universität Heidelberg, Heidelberg u. a. 2005. Die in Heidelberg lehrenden Professoren sind für die kurpfälzische Zeit vollständig zu erschließen über das Heidelberger Gelehrtenlexikon 1386-1651, hg. v. Dagmar Drüll[-Zimmermann], Berlin/Heidelberg u.a. 2002; 1652-1802, Berlin/Heidelberg u.a. 1991. Aus bibliotheksgeschichtlicher Perspektive: Kostbarkeiten gesammelter Geschichte. Heidelberg und die Pfalz in Zeugnissen der Universitätsbibliothek, hg. v. Armin Schlechter, Heidelberg 1999. Zur Universitätsgeschichte des 16. Jahrhunderts finden sich mehrere Beiträge in: Zwischen Wissenschaft und Politik. Studien zur deutschen Universitätsgeschichte. Festschrift für Eike Wolgast zum 65. Geburtstag, hg. v. Armin Kohnle und Frank Engehausen, Stuttgart 2001.

Den **Landshuter Erbfolgekrieg** und die Errichtung des **Fürstentums Pfalz-Neuburg** behandelt der Katalog Von Kaisers Gnaden. 500 Jahre Pfalz-Neuburg, hg. v. Suzanne Bäumler, Evamaria Brockhoff und Michael Henker, Regensburg 2005. Der Band enthält auch Materialien zu Ottheinrich. Aus der reichhaltigen neueren Ottheinrich-Literatur ist außerdem hinzuweisen auf den Sammelband **Pfalzgraf Ottheinrich**. Politik, Kunst und Wissenschaft im 16. Jahrhundert, red. v. Barbara Zeitelhack, Regensburg 2002. Zu seinem Bruder: **Philipp der Streitbare**. Ein Fürst der Frühen Neuzeit, hg. v. Tobias Appl u.a., Regensburg 2003.

Zu **Kultur und Humanismus** in der Kurpfalz: Hermann Wiegand, Der zweigipflige Musenberg. Studien zum Humanismus in der Kurpfalz, Ubstadt-Weiher 2000. Die kurpfälzische **Geschichte des 16. Jahrhunderts** ist in jüngerer Zeit mehrmals übergreifend dargestellt worden: Frieder Hepp, Religion und Herrschaft in der Kurpfalz um 1600. Aus der Sicht des Heidelberger Kirchenrates Dr. Marcus zum Lamm (1544-1606), Heidelberg 1993 und Eike Wolgast, Reformierte Konfession und Politik im 16. Jahrhundert. Studien zur Geschichte der Kurpfalz im Reformationszeitalter, Heidelberg 1998 sowie ders., Religion und Politik in der Kurpfalz im 17. Jahrhundert, in: Mannheimer Geschichtsblätter NF 6 (1999), S. 189-208. Zur inneren Politik und Verwaltung in der zweiten Hälfte des 16. Jahrhunderts bleibt grundlegend: Volker Press, Calvinismus und Territorialstaat. Regierung und Zentralbehörden der Kurpfalz 1559-1619, Stuttgart 1970. Einen nützlichen Überblick über die Entwicklungen des konfessionellen Zeitalters liefert auch ders., Kurpfalz, Rheinische Pfalz und Oberpfalz, in: Die Territorien des Reichs im Zeitalter der Reformation und Konfessionalisierung. Land und Konfession 1500-1600, hg. v. Anton Schindling und Walter Ziegler, Bd. 5, Münster 1993, S. 8-49. Zur Entwicklung der **Studentenzahlen** in Heidelberg und zur Herkunft der Studenten im 16. Jahrhundert vgl. Armin Kohnle, Die Universität Heidelberg als Zentrum des reformierten Protestantismus im 16. und frühen 17. Jahrhundert, in: Die ungarische Universitätsbildung und Europa, hg. v. Márta Font und László Szögi, Pécs 2001, S. 141-161.

Unter den zahlreichen Neuerscheinungen zum **Winterkönig** ist auf die Studie von Brennan C. Pursell, The Winter King. Frederick V of the Palatinate and the Coming of the Thirty Years' War, Aldershot 2003, hinzuweisen, die die Geschichte Friedrichs V. im Kontext des heraufziehenden Dreißigjährigen Krieges behandelt. Im Jahr des Erscheinens von Pursells Arbeit wurde in Amberg eine Bayerische Landesausstellung gezeigt, in der die Geschichte Friedrichs V. erstmals umfassend einer breiteren Öffentlichkeit bekannt gemacht und in einem Katalog dokumentiert wurde: Der Winterkönig. Friedrich V., der letzte Kurfürst aus der oberen Pfalz, hg. v. Peter Wolf u. a., Augsburg 2003; Sonderausgaben erschienen unter dem Titel: Der Winterkönig, Friedrich von der Pfalz. Bayern und Europa im Zeitalter des Dreißigjährigen Krieges, Darmstadt bzw. Stuttgart 2003. Eine biographische Studie liegt jetzt vor von Peter Bilhöfer, Nicht gegen Ehre und Gewissen. Friedrich V., Kurfürst von der Pfalz - der Winterkönig von Böhmen (1596-1632), Heidelberg 2004; aus Oberpfälzer beziehungsweise Heidelberger Perspektive: Der Winterkönig. Königlicher Glanz in Amberg. Vortragsreihe des Stadtarchivs Amberg zur Landesausstellung 2003, Amberg 2004; Der Winterkönig. Heidelberg zwischen höfischer Pracht und Dreißigjährigem Krieg, hg.

v. Annette Frese, Frieder Hepp und Renate Ludwig, Remshalden 2004. Speziell zur **Besatzungszeit**: Franz Maier, Die bayerische Unterpfalz im Dreißigjährigen Krieg. Besetzung, Verwaltung und Rekatholisierung der rechtsrheinischen Pfalz durch Bayern 1621 bis 1649, Frankfurt u. a. 1990. Die auch für die Kurpfalz relevanten Neuerscheinungen zum Dreißigjährigen Krieg und zum Westfälischen Frieden sichtet Armin Kohnle, Dreißigjähriger Krieg und Westfälischer Frieden. Ein Bericht über Neuerscheinungen anläßlich des Jubiläums von 1998 aus südwestdeutscher Perspektive, in: ZGO 149 (2001), S. 199-228.

Für die Zeit nach dem Dreißigjährigen Krieg sind vor allem die **kirchlichen Verhältnisse in der Kurpfalz** in neueren Arbeiten gründlich untersucht: Albrecht Ernst, Die reformierte Kirche der Kurpfalz nach dem Dreißigjährigen Krieg (1649-1685), Stuttgart 1996; Christoph Flegel, Die lutherische Kirche in der Kurpfalz von 1648 bis 1716, Mainz 1999; Markus A. Maesel, Der Kurpfälzische Reformierte Kirchenrat im 18. Jahrhundert unter besonderer Berücksichtigung der zentralen Konflikte in der zweiten Jahrhunderthälfte, Heidelberg 1997; »So zerstörte die alles verherende Aufklärung eine hundert jährige Arbeit ...«. »Chronik des Barfüsser Karmelitenkloster zu Heidelberg. Eyn Beytrag zur Pfälzischen Kirchengeschichte«. Die deutsche Fassung des P. Gregor Hertwig, hg. und kommentiert v. Markus A. Maesel, Ubstadt-Weiher 1998.

Über **Liselotte von der Pfalz** informiert auf neuerem Stand der Katalog: Liselotte von der Pfalz. Madame am Hofe des Sonnenkönigs, hg. v. Sigrun Paas, Heidelberg 1996. Aus der neueren Literatur zum **Pfälzischen Erbfolgekrieg** sind zu nennen: Max Plassmann, Krieg und Defension am Oberrhein. Die Vorderen Reichskreise und Markgraf Ludwig Wilhelm von Baden (1693-1706), Berlin 2000; Eike Wolgast, Der Weg zum Pfälzischen Erbfolgekrieg und zur Zerstörung Offenburgs und der Ortenau im Jahre 1689, in: Die Ortenau 69 (1989) S. 235-254; Volker Sellin, Der benutzte Vermittler. Innozenz XI. und der pfälzische Erbstreit, in: Papstgeschichte und Landesgeschichte. Festschrift für Hermann Jakobs zum 65. Geburtstag, hg. v. Joachim Dahlhaus und Armin Kohnle, Köln/Weimar/Wien 1995, S. 603-618. Speziell zur **Zerstörung Heidelbergs und Mannheims**: Robert Salzer, Zur Geschichte Heidelbergs in den Jahren 1688 und 1689, Heidelberg 1878; Zur Geschichte Heidelbergs von dem Jahre 1689-1693, Heidelberg 1879, Ndr. unter dem Titel »Das Schloß gesprengt, die Stadt verbrannt«, kommentiert von Roland Vetter, Heidelberg 1993; ders., Heidelberga deleta. Heidelbergs zweite Zerstörung im Orléansschen Krieg und die französische Kampagne von 1693, Heidelberg 1989; ders., »Kein Stein soll auf dem andern bleiben«. Mannheims Untergang während des Pfälzischen Erbfolgekrieges im Spiegel französischer Kriegsberichte, Heidelberg/Ubstadt-Weiher/Basel 2002.

Das **Zeitalter Karl Theodors** wurde eingehend dokumentiert in dem Katalog Lebenslust und Frömmigkeit. Kurfürst Carl Theodor (1724-1799) zwischen Barock und Aufklärung, hg. v. Alfried Wieczorek, Hansjörg Probst und Wieland Koenig, 2 Bde., Regensburg 1999. Für alle mit dem **Auflösungsprozess der Kurpfalz** und dem Übergang der ehemals kurpfälzischen Gebiete an Baden zusammenhängenden Fragen ist jetzt auf den Ausstellungs-Begleitband »... so geht hervor ein' neue Zeit.« Die Kurpfalz im Übergang an Baden 1803, hg. v. Armin Kohnle u. a., Heidelberg/Ubstadt-Weiher/Basel 2003 hinzuweisen.

Nachweis der Abbildungen und Karten

Abbildungen

Abb. 1 Pfalzkarte: Matthaeus Merian, Topographia Palatinatus Rheni et Vicinarum Regionum ... 1645; Vorlage: Exemplar des Historischen Seminars Heidelberg

Abb. 2: Sachsenspiegel (Universitätsbibliothek Heidelberg [UBH] Cod. Pal. Germ. 164 fol. 21r)

Abb. 3: Der Pfalzgrafenstein bei Kaub, Zustand 2002; Foto: Kohnle

Abb. 4: Gründungsurkunde der Universität Heidelberg (Replik von 2004: Universitätsarchiv Heidelberg)

Abb. 5: Grabmal Ruprechts III. und seiner Gemahlin Elisabeth von Hohenzollern; Heidelberg, Heiliggeistkirche

Abb. 6: Kurfürst Friedrich d. Siegreiche (1449–1476) (Kurpfälzisches Museum der Stadt Heidelberg [KMH] G 1127)

Abb. 7: Kurfürst Philipp (1476–1508) (UBH, Cod. Pal. Germ. 87)

Abb. 8: Pfälzer Wappen aus der Zeit Kurfürst Ludwigs V., datiert 1524; Foto: Kohnle

Abb. 9: Philipp Melanchthon (Dorothee Kühnel)

Abb. 10: Kurfürst Ottheinrich in Sänfte (KMH S 2565)

Abb. 11: Kurfürst Friedrich III. (KMH S 58)

Abb. 12: Johann Casimirs Heerzug (KMH S 5925)

Abb. 13: Kurfürst Ludwig VI. (KMH S 5584)

Abb. 14: Das Casimirianum in Neustadt, Zustand 2002; Foto: Kohnle

Abb. 15: Kurfürst Friedrich IV. von der Pfalz; Schloß Heidelberg, Friedrichsbau

Abb. 16: Friedrich V. und Elizabeth: Hochzeit (KMH S 5947)

Abb. 17: Spottflugblatt auf den Winterkönig (KMH S 4856)

Abb. 18: Erztruchsessenwappen, nach 1544; Foto: Kohnle
Abb. 19: Pfälzer Wappen, datiert 1683; Foto: Kohnle
Abb. 20: Kurfürst Karl Ludwig (KMH L 323)
Abb. 21: Liselotte von der Pfalz (KMH G 1821)
Abb. 22: Zerstörung Heidelbergs 1693 (UBH Mays XIII, 12 RES., Titelblatt)
Abb. 23: Medaille Heidelberga Deleta (KMH M 5505)
Abb. 24: Kurfürst Karl Philipp (KMH G 1861)
Abb. 25: Kurfürst Karl Theodor (KMH G 1642)
Abb. 26: Wappen Karl Theodors, Heidelberg, Hauptstraße 190; Foto: Kohnle

Karten

Karte 1 Der Territorialbestand der Pfalzgrafschaft 1329
Karte 2 Die Erwerbungen der Pfalzgrafschaft bis 1410
Karte 3 Das Territorium der Kurpfalz 1504
Karte 4 Pfalz-Neuburg und die Oberpfalz im früheren 16. Jahrhundert
Karte 5 Die Länder der pfälzischen Wittelsbacher im 18. Jahrhundert
Karte 6 Das Gebiet der Kurpfalz vor der Französischen Revolution (1789).

Stammtafeln

Stammtafel 1a	Die rheinischen Pfalzgrafen aus dem Haus Wittelsbach 1214–1410
Stammtafel 1b	Die Kurfürsten von der Pfalz aus dem Haus Wittelsbach 1410–1556
Stammtafel 2	Die pfälzischen Nebenlinien im 15. und 16. Jahrhundert
Stammtafel 3	Das Kurhaus Pfalz-Simmern
Stammtafel 4	Die Kurhäuser Pfalz-Neuburg, Pfalz-Sulzbach und Pfalz-Birkenfeld

In den Stammtafeln verwendete Abkürzungen: Adm. = Administrator, Bf. = Bischof, Ebf. = Erzbischof, Hg. = Herzog, Kfst. = Kurfürst, Kg. = König, Pfgf. = Pfalzgraf.

Stammtafel 1a

Die rheinischen Pfalzgrafen (seit 1356 Kurfürsten) aus dem Haus Wittelsbach 1214–1410

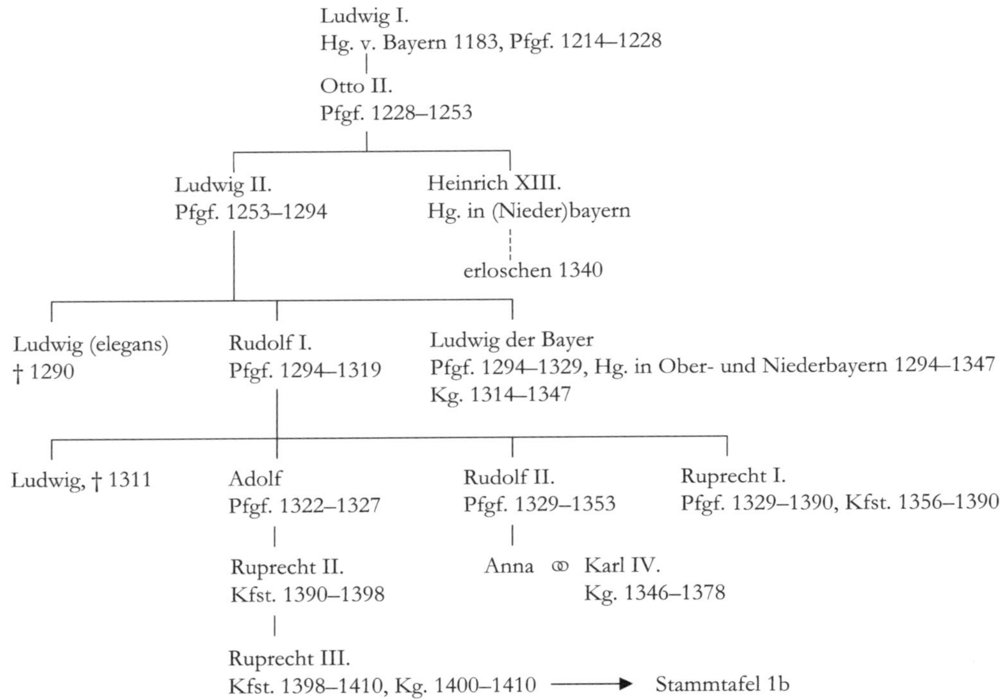

Stammtafel 1b

Die Kurfürsten von der Pfalz aus dem Haus Wittelsbach 1410–1559

Stammtafel 1a → Ruprecht III.
Kfst. 1398–1410, Kg. 1400–1410 ⚭ Elisabeth von Hohenzollern, † 1411

KURLINIE
- Ludwig III.
  Kfst. 1410–1436
  ⚭2 Mechthild v. Savoyen
  - Ludwig IV.
    Kfst. 1436–1449
    ⚭ Margarete v. Savoyen
    - Philipp d. Aufrichtige
      Kfst. 1476–1508
      ⚭ Margarete v. Bayern-Landshut, † 1501
      - Ludwig V.
        Kfst. 1508–1544
      - Philipp
        Bf. v. Freising
        † 1541
      - Ruprecht
        Bf. v. Freising, † 1504
        ⚭ Elisabeth v. Bayern-Landshut, † 1504
        - Ottheinrich
          1505 Pfgf. in Neuburg, Kfst. 1556–1559
          erloschen
        - Philipp
          † 1548
      - Friedrich II.
        Kfst. 1544–1556
      - Georg
        Bf. v. Speyer,
        † 1529
      - Heinrich
        Adm. Worms u. Utrecht, Bf. v. Freising, † 1552
      - Johann
        Bf. v. Regensburg,
        † 1538
      - 4 Töchter
  - Friedrich I.
    Vormund 1449
    Kfst. 1451–1476
    - Friedrich
    - Ludwig v. Bayern
  - Ruprecht
    Ebf. v. Köln, † 1478
  - weitere Kinder
- vier weitere Kinder

NEUMARKT
- Johann
  Pfgf. 1410–1443 → Stammtafel 2

SIMMERN-ZWEIBRÜCKEN
- Stephan
  Pfgf. 1410–1459 → Stammtafel 2

MOSBACH
- Otto I.
  Pfgf. 1410–1461 → Stammtafel 2

Stammtafel 2
Die pfälzischen Nebenlinien im 15. und 16. Jahrhundert

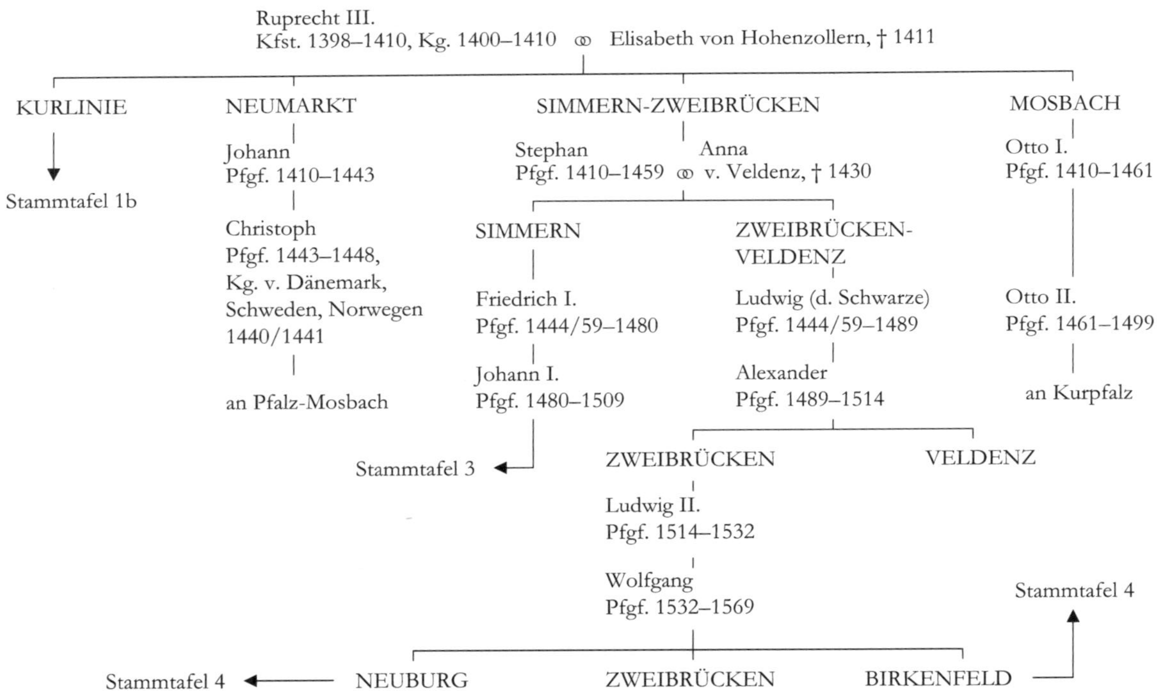

Stammtafel 3
Das Kurhaus Pfalz-Simmern

Stammtafel 2 →

SIMMERN

Johann I.
Pfgf. 1480–1509

Johann II.
Pfgf. 1509–1557 ⚭ Beatrix v. Baden, † 1535

KURPFALZ | SIMMERN | SIMMERN | weitere Kinder

Friedrich III.
Pfgf. 1557–1559
Kfst. 1559–1576

SIMMERN: Georg
Pfgf. 1559–1569

SIMMERN: Reichart
Pfgf. 1569–1598

Ludwig VI.
Kfst. 1576–1583

LAUTERN: Johann Casimir
Pfgf. 1577–1583
Kuradministrator 1583–1592

Friedrich IV.
Kfst. 1583–1610

Friedrich V.
Kfst. 1610–1623 ⚭ Elizabeth Stuart
Kg. v. Böhmen 1619–1621

SIMMERN-LAUTERN: Ludwig Philipp
Pfgf. 1610–1655

Ludwig Heinrich Philipp
Pfgf. 1655–1673

Karl I. Ludwig
Kfst. 1649–1680 ⚭ Charlotte v. Hessen

Karl II.
Kfst. 1680–1685

Elisabeth Charlotte (Liselotte), † 1721
⚭ Philipp I. v. Orléans

Stammtafel 4
Die Kurhäuser Pfalz-Neuburg, Pfalz-Sulzbach und Pfalz-Birkenfeld

← Stammtafel 2 →

NEUBURG
Philipp Ludwig
Pfgf. 1569–1614 ⚭ Anna v. Jülich-Kleve-Berg

Wolfgang Wilhelm
Pfgf. 1614–1653

Philipp Wilhelm
Pfgf. 1653–1690
Kfst. 1685–1690

KURPFALZ, seit 1777: KURPFALZ-BAYERN

Johann Wilhelm
Kfst. 1690–1716

Karl III. Philipp, Kfst. 1716–1742

Elisabeth Augusta Sophie, † 1728 ⚭ Josef Karl Emanuel August

Elisabeth Maria Aloisia Augusta, † 1794 ⚭ Karl IV. Philipp Theodor

SULZBACH
August
Pfgf. 1614–1632

Christian August
Pfgf. 1632–1708

Theodor Eustach
Pfgf. 1708–1732

Josef Karl
Emanuel August

Johann Christian
Pfgf. 1732–1733

Karl IV. Philipp Theodor
Pfgf. 1733–1799
Kfst. v. d. Pfalz 1742–1799
Kfst. v. Bayern 1777–1799

BIRKENFELD
Karl
Pfgf. 1569–1600

ZWEIBRÜCKEN

Friedrich Michael
Pfgf. 1746–1767

Karl August
Pfgf. 1775–1795

Maximilian IV. Josef
Pfgf. 1795–1799
Kfst. v. (Pfalz-)Bayern 1799–1805,
Kg. v. Bayern 1806–1825